Zu diesem Buch

Die deutsche Sprache lebt: Allein in den vergangenen zehn Jahren vermehrte sich unser Wortschatz um mehr als 8000 neue Wörter. Was aber passiert mit den alten Begriffen, die uns über viele Jahrzehnte begleitet haben und plötzlich als veraltet gelten? Wann gingen Sie zuletzt ins Lichtspielhaus? Saßen Sie schon einmal in einer Schneckenschleuder? Und gibt es bei Ihnen noch Bandsalat? Eine Großzahl deutscher Wörter stirbt langsam und meist unbemerkt aus: durch Totschweigen. Viele von ihnen sind es aber wert, vor dem traurigen Schicksal des Vergessens bewahrt zu werden. Bodo Mrozek hat sie gesammelt. Das *Lexikon der bedrohten Wörter* erklärt auf unterhaltsame Weise die Gründe für das Aussterben und ruft die ursprüngliche Wortbedeutung in Erinnerung. So entsteht ganz nebenbei eine amüsante Kulturgeschichte des Verschwindens in mehreren hundert Miniaturen.

Der Autor

Bodo Mrozek, geboren 1968, lebt als Journalist und Autor in Berlin. Er war Mitarbeiter der Berliner Seiten der *Frankfurter Allgemeinen Zeitung* und schreibt heute u. a. für die *Süddeutsche Zeitung* und den *Tagesspiegel*.

Bodo
Mrozek

Lexikon
der bedrohten Wörter

Rowohlt
Taschenbuch
Verlag

2. Auflage Dezember 2005

Originalausgabe
Veröffentlicht im Rowohlt Taschenbuch Verlag,
Reinbek bei Hamburg, Dezember 2005
Copyright © 2005 by Rowohlt Verlag GmbH,
Reinbek bei Hamburg
Umschlaggestaltung ZERO Werbeagentur, München
(© Foto: FinePic / Alexandra Dohse)
Lektorat Angela Troni
Innengestaltung Daniel Sauthoff
Satz Kepler PostScript, InDesign
bei Pinkuin Satz und Datentechnik, Berlin
Druck und Bindung Druckerei C. H. Beck, Nördlingen
Printed in Germany
ISBN 13: 978 3 499 62077 5
ISBN 10: 3 499 62077 4

Weitere Informationen unter:
www.bedrohte-woerter.de

«Pfui allen hässlichen Gewerben,
an denen Wort und Wörter sterben.»
(Friedrich Nietzsche, Philosoph)

«Ist klar diese Wörter, ist möglich verstehen,
was ich hab' gesagt? Danke.»
(Giovanni Trappatoni, Fußballtrainer)

Vor‑Wort

Sprache ist lebendig. Sie wächst, gedeiht und vermehrt sich. Jeden Tag werden neue Wörter geboren: manche als eigene Kinder der deutschen Muttersprache, andere aus Fremdsprachen adoptiert. Wenn Sprache lebt, dann kann sie auch sterben. Manche Sprachen wie Latein gelten heute als tot. Aber auch in lebenden Sprachen werden ständig und weitgehend unbemerkt von der Öffentlichkeit kleine Tode gestorben. Oder, mit den Worten Otto Violans: «Wörter werden geboren. Sie welken, und sie sterben.» Einzelne Wörter scheiden in aller Stille dahin, manchmal an Altersschwäche, oft werden sie jedoch von neuen Modewörtern hinterrücks gemeuchelt. Wer weiß heute noch, was eine Lorke, ein Brestling oder ein Bückeisen ist?

Sprache vermehrt sich rasant, die technische Moderne bringt immer neue Wörter, die so genannten Neologismen, hervor. Die meisten von ihnen werden heute dem Englischen entlehnt. Das bekannteste deutsche Gebrauchswörterbuch, der *Duden*, versammelte 1880 in seiner ersten Ausgabe 27 000 Wörter. Inzwischen hat sich der Wortschatz beinahe verfünffacht: Im Jahr 2005 zählt der Duden bereits 125 000 Einträge. Allein in den vergangenen acht Jahren kamen rund 8000 neue Wörter hinzu. Die unzähligen umgangssprachlichen Neuschöpfungen noch gar nicht mitgezählt. Anders als etwa das *Oxford English Dictionary* versteht sich das deutsche Gebrauchswörterbuch aber nicht als Gedächtnisspeicher, sondern als Abbild des Kollektivwortschatzes der Deutschen. Wörter, die nicht mehr zeitgemäß sind, werden gestrichen. Was aber passiert mit diesen sterbenden Wörtern, die uns durch die Jahrzehnte oder Jahrhunderte lieb geworden sind und nun hilflos den Furien des Verschwindens zum Fraß vorgeworfen werden?

Die überraschende Antwort ist: Man weiß es nicht. Der Worthistoriker steht vor einer Dunkelziffer. Selbst die Wörterbuchverlage erheben nach eigener Auskunft keine Zahlen über aussterbende Wörter.

Für die Entscheidung, ob ein Wort noch zeitgemäß ist, haben auch sie keine objektiven Kriterien. Der Anfangsverdacht entsteht im persönlichen Sprachgefühl des Lektors. Steht ein Wort einmal unter dem Verdacht des Veraltens, so wird es unter Beobachtung gestellt. Sollte es im Internet und in den elektronisch erfassten Jahrgängen von Zeitungen und Zeitschriften (so genannten Korpora) nur noch selten auftauchen, so stigmatisiert man es als «veraltendes Wort». Findet sich ein Wort dort gar nicht mehr, dann erhält es den Stempel «veraltet» und wird kurzerhand entfernt.

Ein trauriges Schicksal, denn veraltende Wörter haben so gut wie keine Lobby. Nur wenigen von ihnen widerfährt die Gnade, die dem aus dem Französischen stammenden Wort Petitesse zuteil wurde (neudeutsch: *Peanuts*). In den 1970er Jahren galt es als veraltet und wurde daher aus dem Duden gestrichen. Als der damalige Kanzler Willy Brandt das Wort dann überraschend benutzte, war es plötzlich wieder in aller Munde und fand zurück in die Wörterbücher. Die meisten alten Wörter werden jedoch buchstäblich zu Tode geschwiegen.

Dieses Lexikon will ihnen helfen. Es unterscheidet sich grundlegend von gewöhnlichen Gebrauchslexika. Anders als bei jenen Hilfsmitteln ist das Kriterium für die Aufnahme eines Wortes hier nicht seine Bedeutsamkeit – im Gegenteil. Nur solche Wörter, die keine Relevanz mehr haben oder voraussichtlich bald keine mehr haben werden, wurden aufgenommen. Sie gehören verschiedenen Wortgruppen an: Es gibt veraltete Wörter, die kaum noch jemand kennt. Für viele gehören sie bereits zu den ausgestorbenen Wörtern, so genannten Archaismen, obwohl sie vielleicht regional überlebt haben oder belesenen Zeitgenossen noch ein Begriff sind (zum Beispiel Bassermann oder Denkungsart). Andere Wörter sind noch in aller Munde, doch ist das Wissen um ihre ursprüngliche Bedeutung verloren gegangen (zum Beispiel Fisimatenten oder Stegreif). Schließlich sind da die heute noch gebräuchlichen Wörter, die aber schon der nächsten Generation kaum mehr etwas sagen werden, weil die Dinge, die sie bezeichnen, bereits unwiederbringlich ausgestorben sind (zum Beispiel Wählscheibe oder Vollbeschäftigung).

Ein Nachschlagewerk über die deutsche Sprache ist ein Wagnis. Als der Verleger Karl Reimer einst zwei Sprachforscher bat, ein Wörterbuch des Deutschen zu schreiben, lehnten diese ab: zu viel Arbeit. Erst beim dritten Anlauf gelang es ihm, die Brüder Jacob und Wilhelm Grimm zu überzeugen. Sie begannen ihr *Deutsches Wörterbuch* im Jahre 1838, für Jacob Grimm «ein unabsehbares, von keinem noch angelegtes Werk». Bis zu ihrem Tode kamen die Brüder lediglich bis zum Buchstaben F, einschließlich des Wortes Frucht. Die Ausgabe wurde von ihren Nachfolgern erst 1954 mit dem letzten Band «Von Zobel bis Zypressenzweig» abgeschlossen. Buchverlage sind heute weniger geduldig, und wer ein Nachschlagewerk noch zu Lebzeiten herausgeben möchte, der muss sich beschränken. Dieses Lexikon erhebt weder Anspruch auf Vollständigkeit, noch verfolgt es wissenschaftliche Zwecke. Wer sich mit dem Phänomen des Aussterbens beschäftigt, der verfällt leicht in eine kulturpessimistische Tonlage. Davon ist auch dieses Buch nicht frei. Es sei hier deshalb korrigierend daran erinnert, dass das Aussterben von Wörtern ein immer währender Prozess ist – auch wenn es manchen Gegnern modischer Anglizismen heute erscheinen mag, als stünde die deutsche Sprache vor einer neuen Lautverschiebung. Doch schon im *Magazin für deutsche Sprache* von 1783 beschäftigt sich ein Artikel mit dem Veralten von Wörtern.

Das Sterben von Wörtern ist ein trauriger Prozess. Tröstlich aber ist, dass man sie von den Toten wieder zum Leben erwecken kann – indem man sie einfach benutzt. Dazu braucht es in manchen Fällen etwas Mut. Und nicht alle Wörter sind es wert, vor dem Vergessen bewahrt zu werden. Die Verwüstungen der deutschen Sprachlandschaft in der NS-Zeit sind glücklicherweise weitgehend überwunden, und auch die Sprache der Apparatschiks der DDR fällt dem verdienten Vergessen anheim. In diesem Buch finden diese Verbiegungen keine Aufmerksamkeit, auch nicht die zahlreichen Regionalismen aus Mundart und Dialekt, mit denen sich eigene Lexika beschäftigen. Wohl aber sind einige Sprachschöpfungen aus dem Alltag der DDR hier vertreten, die neben bundesrepublikanischen Begriffen die zweigeteilte deutsche Sprachgeschichte illustrieren.

Das *Lexikon der bedrohten Wörter* entstand mit Hilfe vieler Sprachfreunde, die dem Verfasser bekannt sind. Ihnen wird im Anhang persönlich gedankt. Weitere sachdienliche Hinweise aus der Bevölkerung trafen nach Drucklegung ein und konnten hier leider nicht mehr berücksichtigt werden. Dennoch ist die Sammlung nicht abgeschlossen.

Sollten Sie Ihr persönliches, vom Aussterben bedrohtes Lieblingswort auf den folgenden Seiten vermissen, so können Sie auf der Internetseite www.bedrohte-woerter.de Artenschutz beantragen – oder Anregungen, Ergänzungen und Kritik äußern.

Wenn dieses Lexikon einige verschüttete Wörter freilegen und andere vor dem Vergessen bewahren kann, dann hat es seine Aufgabe erfüllt. Es richtet sich an alle Sprachfreunde – egal, ob es sich bei ihnen um Backfische, Besserwessis, Duttengreteln, Dosentreiber, Hagestolze, Hupfdohlen oder Zonis handelt. Gewidmet ist es der deutschen Sprache.

Bodo Mrozek

A

Abgunst Ungute Gemütslage aus der Familie neidischer Gefühle. Nicht zu verwechseln mit Missgunst oder ✒ Scheelsucht. «Missgunst ist stärker als A., denn abgünstig sagt von einem Menschen bloß, dass er das Gute, das wir genießen, von uns ab oder weg wünsche. Missgünstig hingegen, dass er es uns auf eine böse, feindliche Art gönne, uns gönne, dass dasselbe uns Leid statt Freude mache.» (*Deutsche Synonymik*, Leipzig 1852)
So hat jede Zeit ihre Form von Neid, die heutige zum Beispiel den Sozialneid. Da ist es beruhigend, zu wissen, dass man schon in den alten, vermeintlich guten Zeiten so hasserfüllt durch gelbe Butzenscheiben auf des Nachbarn Tisch starrte, dass eine ganze Palette verschiedenartig gelber Neidschattierungen zur Verfügung stand.
Lessing schrieb in *Über den Neid* hierzu: «A. kann aber auch bedeuten: die Abnahme, die Entziehung der Gunst, an deren Stelle das Gegenteil noch nicht eingetreten sein darf, dessen Dasein Missgunst andeutet. Die verschiedenen Staffeln wären also Gunst, A., Missgunst, Neid (...).» Dieses sprachliche Differenzierungsinstrumentarium selbst feinster Unterschiede droht in der heutigen Zeit abhanden zu kommen – die Sache selbst keineswegs.

ablappen Umgangssprachlich für ohrfeigen bzw. ziehen an den Ohren. Gängige Praxis im deutschen Schulwesen zu Zeiten von Wilhelm Busch. Die Züchtigung, insbesondere die Ohrfeige, war noch bis in die 1950er Jahre hinein ein legales und probates Mittel an bayerischen Schulen. Heute ahndet das Strafgesetzbuch die Kulturpraxis des Ablappens, und folglich hat sich das diesbezügliche Verb ins Zwielicht verflüchtigt.

Abspielgerät Heißt heute Player. Man unterscheidet lokale Player (zum Beispiel Schallplattenspieler oder Diskettenlaufwerke) und globale Player (Microsoft). Letztere gehören nicht zur Produktfamilie der A., obwohl manche von ihnen welche herstellen.

Abtritt Früher auch als heimliches Gemach bekannte Örtlichkeit, die der Befriedigung eines Grundbedürfnisses diente. Wer hier mal kurz zur Seite, also abtritt, sucht die Diskretion.
Doch schon Mitte des 19. Jahrhunderts prophezeiten Sprachforscher das Aussterben des Wortes, «weil jener Ausdruck älter und durch den Gebrauch schon so gemein geworden ist, dass er das eigentlich gemeinte nicht gehörig in den Schatten stellt. Dem Ausdrucke Heimliches Gemach wird es bald ebenso ergehen.» Wie für alles, das ihm peinlich ist, nutzt der Deutsche auch hier gerne Fremdwörter: Privet, Retirade, Secret, Commodité, Closet.
Im 19. Jahrhundert hieß es: «Man sucht auch die Bequem-

lichkeit, wenn man an diesen Ort will, und nicht erst neuerdings.» (*Deutsche Synonymik*, Leipzig 1852)
Daran hat sich nicht viel geändert. Die futuristisch gestylten Notdurftparadiese der heutigen «McCleans» und «City-Toiletten» mit ihren Luxus- und Komfortsitzen, elektrischen Reinigungsapparaten und chemischen Geruchsverbesserern täuschen geschickt darüber hinweg, dass wir es hier auch nur mit einer moderneren Version des Donnerbalkens zu tun haben. Vgl. auch ✒ Café Achteck.

Achtgroschenjunge

Noch zu Beginn des 20. Jahrhunderts zahlte die Polizei einem Informanten acht Groschen für die Anzeige einer Übeltat. Angeblich geht dies auf die Polizeireform Friedrich Wilhelms II. von Preußen zurück, der als ✒ Pfennigfuchser bekannt war. Der A. ist seitdem als käuflicher Verräter eher übel beleumundet und heute ohnehin nur noch betagten Zeitgenossen bekannt. Inzwischen ist er inflationsbedingt am Aussterben: Informationen im Werte von vierzig Cent dürften der Wahrheitsfindung nicht mehr dienlich sein.

Adenauerhut

Pepitahütchen mit weicher Krempe, von Bundeskanzler Konrad Adenauer während eines Erholungsurlaubes in Cadenabbia getragen.
Adenauer verdankte seine Popularität bei den Zeitgenossen vor allem der Freilassung in Sibirien inhaftierter Wehrmachtssoldaten, der so genannten ✒ Spätheimkehrer. Heute erinnert man sich eher an den nussbaumfurnierten

Daimler Benz des Rheinländers, der im Bonner Haus der Geschichte glänzt und die Epoche der Pepitahütchen und der blass geblümten Tischdeckchen mit posthumem Glanz bestrahlt. Nachfolgende Politiker versuchen immer wieder an den Erfolg des Kleidungsstückes anzuknüpfen. Vgl. auch ⇗ Schmidtmütze und ⇗ Momperschal.

Affe Hier: mit Fell bezogener Tornister, in dem sich eine Erbswurst, ein Lyrikband von Rilke oder Hesse, ein Liederbuch *Zupfgeigenhansel* und ein paar grob gewebte Hemden befanden. Mit diesem Notgepäck zog die deutsche Jugend als Wandervögel zunächst in den Wald, später dann in die Schützengräben zweier Weltkriege. Dort wurden die meisten Affen ebenso zerschlissen wie das romantische Bildungsgepäck.
Hippies und Ökos kramten die Hermann-Hesse-Bändchen Jahrzehnte später wieder aus den Trödelläden hervor. Die angefaulten A. ließen sie dort liegen und benutzten stattdessen ⇗ Jutebeutel. Das Wort stirbt seitdem aus.

Affenfett Fleischersatzprodukt aus der Zeit der Mangelwirtschaft. Erfunden in der sowjetischen Besatzungszone, als Delikatessen wie Gänseschmalz knapp waren. Seit dem Ende der DDR ist die Hausmannskost ebenso wie ⇗ Grilletta und Soljanka von den deutschen Speiseplänen weitgehend verschwunden. Das Wort selbst ist ein Produkt des Galgenhumors früherer Zeiten. Wer wissen will, wie die Mangelwirtschaft schmeckte, der nehme:

50 g fettigen Bauchspeck
1 Zwiebel
1 Tasse Milch
1 Ei
1 TL Majoran
1 TL Mehl
Pfeffer & Salz.

Man würfele Speck und Zwiebeln und brate sie in der Pfanne glasig. Ei, Gewürze, Milch und Mehl verquirle man miteinander und rühre sie in die Speckpfanne hinein, lasse alles stocken und verwende das fertige A. als warmen Brotaufstrich.

Achtung, Diätfetischisten, Makrobiotiker und Trennköstler: Für Risiken und Nebenwirkungen lesen Sie bitte die Kalorientabelle und fragen Ihren Ernährungsberater oder Fitnesstrainer.

Affenzahn

«Einen A. draufhaben»: Kraftfahrerdeutsch für Vollgas. Ebenso modern wie Krad, ↗ Feuerstuhl oder heißer Ofen.

Afterarzt

Auch als Kurpfuscher bekannt. Ein Scharlatan, der sich als Wunderheiler bzw. ↗ Salbader betätigt. Vgl. auch ↗ Quacksalber.

Aftermieter   Ursprüngliche Schreibweise: Aftermiether. Ist weder ein Schimpfwort, noch bezeichnet der A. einen unzüchtigen Handel auf dem Immobilienmarkt. Vielmehr leitet er sich von dem Verb abdingen her, das ursprünglich synonym zu miethen bzw. mieten verwendet wurde und das Überlassen einer Sache oder Person (zum Beispiel Arbeitskraft gegen Bezahlung) bedeutete. Wenn ein Mieter einen Teil seiner Wohnung nun wiederum einem Dritten vermietet, so spricht man sprachhistorisch korrekt von Aftermiete.

Da aus nahe liegenden sprachhygienischen Gründen die wenigsten Mieter mit dem in anderer Bedeutung gebräuchlichen Wort After tituliert werden möchten, hat sich im 20. Jahrhundert die Bezeichnung «Untermieter» eingebürgert – und der A. wird allmählich vergessen.

Aküfi   Kurzf. f. Abkürzungsfimmel, z. B.: HGL f. ↗ Hausgemeinschaftsleiter, Krad f. Kraftrad etc.

Alexverbot   Für den Berliner Alexanderplatz geltendes Aufenthaltsverbot, das Volkspolizisten (Vopos) der DDR über unerwünschte Personen verhängten. Namentlich die Punk-Szene war seit Anfang der 1980er Jahre vom A. betroffen, da die Angestellten der Firma Horch & Guck (umgangssprachlich für das Staatssicherheitsministerium) mit Hilfe der Vopo die so genannten Randgruppen angehörenden Jugendlichen von den auf dem Alexanderplatz zahlreich versammelten DDR-Besuchern fern halten wollte.

Amisette Auch Amine oder Amizone genannt. Bezeichnete seit 1945 die deutsche Freundin eines amerikanischen Soldaten. A. trugen gerne Nylons, rauchten Lucky Strike oder kauten Chewinggum, obwohl sie Teil des deutschen ↗ Fräuleinwunders waren. Die alliierten Streitkräfte hatten schon am 12. September 1944 den so genannten Non-Fraternization-Befehl gegeben, den General Eisenhower persönlich unterzeichnete: «Nichtverbrüderung ist die Vermeidung des Zusammentreffens mit Deutschen auf der Grundlage von Freundlichkeit, Vertrautheit oder Intimität – ob individuell oder in Gruppen, im offiziellen und inoffiziellen Umgang.» Konkret wurde den Soldaten das Tanzen mit und das Heiraten von Deutschen verboten, sogar das Händeschütteln – woran sich allerdings nur die wenigsten Soldaten hielten. Amerikanische Soldaten prägten den Ausspruch «Be wise – fraternize» («Sei klug – verbrüdere dich») und verteilten eifrig Schokolade an die Kinder – und Nylons an die ↗ Fräuleins.
Bis 1949 zogen rund 13 000 deutsch-amerikanische Paare vor den Traualtar, 1955 zählte man schon 37 000 Besatzungskinder. Doch auch manche Nachkriegsdeutsche sahen die gar nicht geschwisterlichen Verbindungen von deutschen Fräuleins und amerikanischen GIs weniger gern. Der Bischof von Passau donnerte von der Kanzel: «Deutsche Mädchen, auch junge Kriegerfrauen, sogar Mütter schämen sich nicht, fremde Soldaten durch ihr aufreizendes Benehmen und ihre jedem Anstand hohnsprechenden Kleider herauszufordern, sich ihnen in dirnenhafter Weise förmlich anzudrängen.» In Bayern giftete der Volksmund: «Jedes Amihür'le hoat a Oarmbandührle.» Und ein

Kolumnist der *Frankfurter Rundschau* wetterte im Juli 1947: «Das jugendliche Strandgut des Krieges ließ sich nur zu bereitwillig an die schlammigen Küsten der Heruntergekommenheit spülen.» Unter der Überschrift «Veronika Dankeschön» war da zu lesen: «Abends sieht man sie den Kasernen zuschlendern: ein Blümchen im Haar, die Lippen dick getarnt, wiegenden Ganges und 16 bis 18 Jahre alt. Was sie suchen, ist Mann plus Zigaretten plus Kurzweil. Wie kurz die Weil dauert, ist ihnen egal.» Der Autor dieser Zeilen, Walter Gong, forderte im NS-Jargon die «Ausrottung dieser Seuche» und zugleich einen Arbeitsdienst für die leichtlebigen Ami-Liebchen: «... bei der schwersten physischen Arbeit, die man ihnen zumuten kann. Sodass sie abends den Rücken vor gesunder Müdigkeit nicht mehr gerade kriegen.»

Die A. war das Gegenbild zur Trümmerfrau, die, mit Kopftuch und Schaufel angetan, den Schutt des Dritten Reiches wegräumte. Die Glosse blieb nicht unwidersprochen und führte zu einer kleinen Debatte über das Frauenbild der Nachkriegszeit. Das Kontaktverbot der Armee fiel schrittweise: Ab dem 8. Juli 1945 durften Soldaten freundlich zu deutschen Kindern sein, seit dem 14. Juli mit Deutschen öffentlich plaudern und seit Juni 1946 mit Sondererlaubnis und ab 1948 sogar ohne eine solche heiraten.

Das Wort A. aber stand im Wörterbuch der deutschen Umgangssprache, wo es mit den Jahren mangels Relevanz allmählich verblasste. Spätestens der Truppenabzug am 30. September 1994 war auch für derlei Nachkriegsdeutsch der Große Zapfenstreich.

Ampelmännchen Seltenes Beispiel für ein Wort, das (vorläufig) vor dem Aussterben gerettet wurde. In der Bundesrepublik führte der Ampelmann als streichholzschmaler, unauffälliger Normalbürger ein bescheidenes Dasein, das Wort A. spielte im kollektiven Bewusstsein keine Rolle. Ganz anders in Ostdeutschland: Hier marschierte der Ampelmann zwar noch im preußischen Stechschritt, hatte aber eine drollige Knollennase und trug einen breitkrempigen Hut.

Der erste Verkehrssignalgeber für Fußgänger flammte in Berlin am 15. Mai 1955 um 15 Uhr auf, zu Testzwecken sicherheitshalber in der verkehrsarmen Gegend vor dem Botanischen Garten. Unter einem dünnen Mann mit Hut blinkten die Worte «Warte» und «Gehe». Im sowjetischen Sektor erblickten die ersten Signalgeber für Fußgänger im Straßenverkehr erst am 13. Oktober 1966 ihr grünes und rotes Lebenslicht. In Thüringen machten sich Handwerker während der 1980er Jahre den Spaß, das Männchen in den Fußgängerampeln zu verfremden: Mit der Metallsäge gaben sie ihm einen Regenschirm oder einen Wanderstock in die Hand, vor dem Erfurter Stadttheater schenkte man ihm eine Fliege.

Als im Zuge von Mauerfall und Vereinigung der ostdeutsche Ampelmann zu einem anämischen Strichmännchen verwestlicht werden sollte, regte sich der erste große Widerstand gegen die Vereinigungsbestrebungen. Zeitweilig hatte man den Eindruck, dass die Rettung des A. (Ost) wichtiger genommen wurde als etwa die Politik der Treuhand.

Körpertheoretisch war die Angelegenheit jedenfalls nicht

zu unterschätzen: Der aufrechte Gang des A. wurde zum Vorbild für die selbstbewusste Haltung, mit der die DDR-Bürger nach Europa marschieren wollten. Wer west- und ostdeutsche A. nicht unterscheiden kann, dem sei das Gedicht des vergessenen ostdeutschen Poeten Nils Werner in Erinnerung gerufen:

> Hallo, Kinder, hört mal her!
> Seid ihr sicher im Verkehr?
> Könnt ihr denn schon diese beiden
> in der Ampel unterscheiden?

Amtsschimmel

Ebenso wie der Büro- und der Paragraphenhengst bevorzugt dieses Pferd eine natürliche Umgebung aus Yuccapalmen und Topfpflanzen und ernährt sich bevorzugt von Heftklammern und Ringlochverstärkern. Wenn Bürokraten den A. satteln, dann sollte man sich besser auf lange Wartezeiten einstellen.

Das Wort hat allerdings nichts mit verschimmelten Akten oder berittenen Amtmännern zu tun. Sprachhistoriker leiten es von einem *simile* (lateinisch für ähnlich) genannten Standardformular der österreichischen Monarchie her, das ursprünglich bürokratische Prozesse beschleunigen sollte. Dies lief irgendwann schief, wie der Seufzer aus dem Volksmund belegt: «Von der Wiege bis zur Bahre: Formulare, Formulare …»

Heute versucht man die A. in den in Kompetenzzentren und Jobagenturen umgetauften Behörden zu dressieren. Wer allerdings glaubt, dass ein vormaliger A. für die Galopprennbahn taugt, der kann sich schon mal eine Nummer ziehen.

angelegentlich Altmodische Form für wichtig. Im Unterschied zum noch immer üblichen Adjektiv *dringlich* ist das angelegentliche Verlangen eines Begehrs zwar wichtig, nicht jedoch von sofortiger Bedeutung.
Derlei feine Unterschiede ist unsere Zeit nicht mehr anzuerkennen gewillt, daher ist jedes und alles dringlich, wichtig oder superwichtig und wird in der elektronischen Korrespondenz mit dem Vermerk *high priority* versehen.

Anhalter Es war irgendwann gegen Ende der 1980er Jahre. Der junge Mann war von Barcelona bis Lyon gekommen, das Ziel hieß Berlin. Eine Hand trug er in einer Schlinge, denn beim Absprung von einem Zug hatte er sich die Hand gebrochen. Der Knöchel schmerzte, die übermüdeten Augen brannten, die Reisekasse war so leer wie sein Magen. Von Spanien aus hatte der Reisende in einem aufgemotzten Ford Capri die Gesellschaft von Hardrock-Fans ertragen, war mit 230 Stundenkilometern im Mercedes eines in Sachen Leiharbeitern pendelnden Geschäftsmannes quasi im Tiefflug über die französische Autobahn gedüst und hatte die wirren, von süßem Rauch getrübten Reden verspäteter Hippies in einem orgientauglich umgebauten VW-Bus vom Typ Bulli erlitten. Sollte die Fahrt ausgerechnet hier, an einem der verlassensten Orte dieser Welt, nun vorzeitig enden? Fast hätte der Reisende alle Hoffnung fahren lassen, als plötzlich in einem Nebelschwaden ein nachtschwarzer Daimler mit Berliner Kennzeichen auftauchte. Zeitlupenartig rollte das dunkle Ungetüm heran, aus dem Auspuff stoben Funken, und mit einem wütenden Schnauben stoppte der Wagen just in dem Moment, als die ferne Turmuhr Mitternacht schlug. Die schwarz getönte Seitenscheibe fuhr herunter und gab den Blick auf die Teufelsfratze eines Wahnsinnigen frei. Mit vor Schreck geweiteten Augen erkannte der Reisende auf dem Beifahrersitz eine Kettensäge und auf dem Rücksitz einen zusammengesunkenen Körper, dem der Kopf fehlte ... Zu spät für eine Flucht! «Steig ein, Kleiner!», fauchte der Fahrer, und in seinen Raubtieraugen loderte ein irres Feuer. In diesem Augenblick war dem A. klar, dass dies das Ende war ...

Mitte des 20. Jahrhunderts gehörte es zum guten Ton, als Student oder Schüler in den Semesterferien per Autostopp durch Europa zu fahren. Der A. war seit Verbreitung des Automobils eine bekannte Erscheinung am Straßenrand: den Daumen in die Luft gereckt, die Nase im Kohlenmonoxidsturm und auf dem Rücken ein ärmliches Bündel mit den notwendigsten Habseligkeiten, zum Beispiel Vorlesungsverzeichnis, Wasserpfeife, Stereoanlage oder Skiausrüstung. Die Ausfahrten von Raststätten waren heiß umkämpfte Areale, an denen sich allerlei zerlumptes Volk um den besten Platz balgte. Beim Autostopp galt es mannigfaltige Abenteuer zu bestehen: klapprige Nachkriegsfahrzeuge, die nur mit einer Handkurbel wieder in Gang zu bringen waren, volltrunkene oder vollkommen übermüdete Fahrer, die den A. nur mitnahmen, weil sie fürchteten, sonst einzuschlafen und im Straßengraben zu landen, oder unsittliche Anträge bzw. ihren gesamten Weltschmerz an ihrem hilflosen Opfer loswerden wollten. Die Fernsehsendung *Aktenzeichen XY ungelöst* bestritt ihre Einschaltquote mit dem szenischen Nachstellen bestialischer Verbrechen, die beim Autostopp begangen worden waren. In den 1990er Jahren begannen die Behörden die Autostopp-Stellen mit Leitplanken abzuschirmen und stellten diesbezügliche Verbotsschilder auf.

Ob es an diesen Restriktionen liegt oder daran, dass heute jeder Student seinen eigenen Kleinwagen fährt, ist nicht bekannt. Fest steht aber, dass der A. eine aussterbende Lebensform ist, die man schon heute nur noch vereinzelt sieht und bald wohl so gut wie gar nicht mehr antreffen wird. Wenn doch, dann spricht man von Trampern. A. gibt es nur noch in der Galaxis, auf unserem Planeten verbreiten sich die Mitfahrzentralen. Auch das Autobahnlatein stirbt somit aus, das sich das vom grauen Band der Landstraße zu einer Schicksalsgemeinschaft eng verbundene mitfahrende Volk in den langen Stunden des Wartens an Trampergräbern zuraunte (zum Beispiel an der Raststätte Nürnberg Feucht nach ein Uhr nachts im Winter).

Nachbemerkung: Die Fahrt von Lyon nach Berlin verlief dann doch noch sehr angenehm. Beim zweiten Hinsehen entpuppte sich die Kettensäge als Regenschirm und die kopflose Leiche als Wäschesack. Verglichen mit dem teuflischen Erlebnis am Rasthof Garbsen jedenfalls – aber hier brechen wir lieber ab.

anheischig Wer eine Verbindlichkeit eingeht, zum Beispiel ein Versprechen, der macht sich anheischig. Abgeleitet vom Verb anheißen (altmodisch für verheißen). Gegenwartskritiker beklagen oftmals den Verlust von Verbindlichkeiten in unserer Zeit – das Aussterben des diesbezüglichen Vokabulars scheint ihnen Recht zu geben. Vgl. auch ↗ schaun.

Animierdame Früher: eine Dame, die keine ist. Heute: weibliche Servicekraft im Bereich der sexuellen Dienstleistungen. Vgl. auch ↗ Metze.

Arbeitsgesellschaft Soziologendeutsch. Begriff, der es 1997 zum Wort des Jahres brachte. Bezeichnet eine Gesellschaftsform, die ihr kollektives Selbstwertgefühl aus Beschäftigungsverhältnissen zieht, auch bekannt als Erwerbs- oder Industriegesellschaft. Nach Aussterben der ↗ Vollbeschäftigung zur Beschreibung gesellschaftlicher Realität in etwa so tauglich wie die Lehenspyramide. Auch wenn gewerkschaftsnahe Kreise das Wort partout nicht aussterben lassen wollen.

Arschkarte Die Formulierung, jemand habe «die A. gezogen», bedeutet, dass die Dinge sich für ihn unvorteilhaft gewendet haben. Tatsächlich aber gibt es keine Arschkarten mehr: Sie stammen nämlich aus Zeiten des Schwarzweißfernsehens. Weil die fußballbegeisterten Zuschauer am Bildschirm die rote und die gelbe Karte des Schiedsrichters nicht unterscheiden konnten, zog dieser die rote aus seiner Gesäßtasche.

Atombusen   In den Filmillustrierten der 1950er Jahre erstmals gedruckte Bezeichnung für eine aerodynamisch geformte Oberweite. Seit der Anti-Atombewegung gilt das Wort als kontaminiert, und spätestens nach Ende des Kalten Krieges wird auch im Bikini-Atoll der deutschen Sprache abgerüstet. Bis zur vermeintlich sicheren Endlagerung ist die gelegentliche Wiederaufbereitung nicht auszuschließen, doch den deutschen Atomausstieg dürfte auch die Halbwertzeit dieser Nachkriegsvokabel nicht lange überdauern. Vgl. auch ↗ Duttengretel.

Aufgebot   Formal gibt es die öffentliche Vorankündigung der Ehe noch. Die ursprüngliche Bedeutung aber schwindet in einer Zeit, in der das ↗ Intimwerden keinesfalls ein Eheversprechen mehr beinhaltet. Wer etwas dagegen vorzubringen hat, der rede jetzt oder schweige für immer. Vgl. auch ↗ Verlobung.

Ausländer   Das alte Problem: Ist man, wenn man – gerade als Deutscher! – Menschen leichtfertig als A. bezeichnet, schon Nazi oder nur Faschist? Ganz Vorsichtige sagen deshalb lieber «unsere lieben ausländischen MitbürgerInnen» oder «Mitmenschen nichtdeutscher Herkunft». Beides klingt in etwa so modern wie Heiliges Römisches Reich Deutscher Nation und ist reines Verlegenheitsdeutsch. Verboten gehört auch das Wort Mitmenschen (solange man nicht auch von Ohnemenschen spricht).

In den Niederlanden ist man bereits einen Schritt weiter: Dort unterscheidet man nicht Aus- und Inländer, sondern allochthonen und autochthonen. Das klingt zwar irgendwie medizinisch, hilft aber angeblich gegen Diskriminierung. Hierzulande kann es nicht mehr lange dauern, bis eine ähnliche Sprachregelung gefunden ist. Dann wird das schwierige A.-Wort aussterben.

Aussteuer

Reinliches Linnen, bestickte Handtücher, Serviettenringe zum Gravieren und Porzellan mit der Goldkante: Der Marktwert einer Ehefrau bemaß sich jahrhundertelang nach ihrer A. Schon im zarten Mädchenalter mussten die künftigen Bräute ihre Jugend mit dem Besticken der Laken für die ↗ Hochzeitsnacht verbringen.

Heute tut es auch ein Einkaufsgutschein fürs örtliche Bettenhaus oder eine Online-Überweisung von Vaters Bankkonto. Für den statistisch wahrscheinlichen Fall der Scheidung vereinbart man am besten Gütertrennung im Ehevertrag, dann muss man die Laken später nicht in der Mitte durchschneiden. Auf gestickte Monogramme sollte man ebenfalls verzichten, denn künftige Lebensabschnittsgefährten schlafen nicht gerne in Bettbezügen mit den Initialen ihrer Vorgänger. Vgl. auch ↗ Verlobung.

Autofahrergruß Das Tippen mit dem Zeigefinger gegen die Stirn beweist gebärdensprachlich anderen Verkehrsteilnehmern, wer auf der Straße der Idiot ist: nämlich immer der andere. Spezifisch deutsch auch wegen seiner Herkunft. Sprachforscher führen das Wort auf den so genannten Deutschen Gruß zurück.

B

Babybrumme Begriff aus dem aussterbenden Halbstarkendeutsch, der einen Motorroller oder ein Mofa meint. In der Regel abwertend von Motorradfahrern benutzt. Vgl. auch ✒ Feuerstuhl.

Backfisch In den 1950er Jahren aufgekommene Bezeichnung für ein halbwüchsiges Mädchen. Ursprünglich stammt das Wort aus dem Anglerlatein der britischen Inseln: Ein *backfish* ist dort ein Fisch, den der Fischer aus dem Netz wieder zurück ins Meer wirft, weil er zu jung oder zu mager zum Essen ist. Seit den späten 50ern werden Jugendliche, die weder Fisch noch Fleisch, also nicht mehr Kind und noch nicht erwachsen sind, geschlechterübergreifend *Teenager* genannt. B. gibt es nur noch in Stäbchenform in der Tiefkühltruhe.

Backfischaquarium Teenagerdeutsch für Mädchengymnasium.

Bandsalat Kalorienarm, cholesterinfrei, vegetarisch – trotzdem war der Bandsalat ein Gericht, das keinem schmeckte. So nannte man nämlich das Resultat eines im

Tonabnehmer des Kassettenrekorders verhedderten Magnetbandes, beispielsweise einer Europa- oder ↗ Mischkassette. B. kündigte sich durch Leiern an, dann hakte etwas aus, und kurz darauf klemmte der Kassettenrekorder fest. Ambitionierte Bastler versuchten es in diesem Fall mit Glattstreichen und Aufwickeln. Manche klebten sogar die gerissenen Bänder mit Tesafilm wieder zusammen und drehten mit Hilfe eines Bleistifts so lange die Spulen, bis das Band in der Kassette wieder am richtigen Platz saß. Meist aber ging an der einmal geknickten Stelle das Ganze von vorne los, und man musste das geliebte Hörspiel *Die drei ???* in den Hausmüll entsorgen. Gelbe Tonnen und grüne Punkte gab es ja noch nicht.

bass

Wer früher b. erstaunt war, der ist es heute nur noch sehr. Das alte Wort b. speist sich aus der indogermanischen Wurzel *bhad*, was nichts anderes als gut bedeutete. Das Neuhochdeutsche entschied sich für das Wort besser, noch neuer ist das Wort sehr. Die Wendung «fürbass schreiten» bedeutet hingegen vorwärts bzw. weitergehen.

Bassermann

Die Schilderungen Friedrich Daniel Bassermanns waren drastisch: Gestalten machten die Straßen unsicher, man war sich seines Lebens nicht mehr sicher. Die berühmte Rede des badisch-pfälzischen Liberalen vor dem Frankfurter Parlament anlässlich der Revolution von 1848 blieb im kollektiven Gedächtnis haften. Seitdem nannte der Volksmund düstere Gesellen, die in Berlin oder anderswo die Straßen unsicher machten, Bassermänner. An derartigen Gestalten fehlt es auch heute nicht, wer jedoch von einem B. spricht, meint eher einen guten Tropfen aus dem gleichnamigen Weingut in Deidesheim, das einer der Söhne des Reichskommissars B. begründete.

Behuf   Aus dem Mittelhochdeutschen *behouf* entstandenes Wort für Zweck. So ließ Thomas Mann seinen Buddenbrook noch «das feilstehende Besitztum behufs weiterer Unterhandlungen einmal gründlich in Augenschein» nehmen. Heute gilt das Wort nur noch in der Sprache der Paragraphenhengste und ✒ Bildungsbürger als zweckmäßig. Zu welchem Behufe auch immer.

Benzinkutsche   Früher einmal salopp klingende Bezeichnung für einen Wagen, der nicht von Pferden gezogen, sondern von Pferdestärken angetrieben wird. Vgl. auch ✒ Bürgerkäfig.

Berber   Siehe ✒ Landstreicher

Bergfex   Klobiges Schuhwerk, ein knorriger Stecken und auf dem Rücken den ✒ Affen: So stellt man sich landläufig den B. vor. Auf den Lippen ein endgereimtes Liedchen der Sorte «Mit Seil und Hacken, den Tod im Nacken ...». Die Hüttenromantik des gipfelstürmenden Naturburschen

ist einem industrialisierten Ausrüstungsfetischismus gewichen. Die romantisch verklärte oder belächelte Gestalt des urwüchsigen Alpinisten in vaterländischer Lodentracht hat ausgedient.
Heute lebt eine ganze Industrie davon, aus wind- und wasserdichten Weltraummaterialien die Bergfexe in allen Regenbogenfarben von der Funktionssocke bis zur Thermomütze einzukleiden. So sehen selbst Mittelgebirgswanderer aus, als wollten sie den Himalaya erklimmen. Man versteht sich als Hiker, Trekker oder Freeclimber. In den Vereinigten Staaten wurde sogar eine alpine Disziplin verdenglischt: Dort spricht man von *abseiling*.
Das altehrwürdige Wort B. rutschte dabei in die Gletscherspalte des Vergessens. In abgelegenen Bergregionen begegnet es einem noch in etwa so häufig wie die aussterbenden Pflanzen Edelweiß und Enzian.

Besserwessi Ostdeutsche Befindlichkeitsvokabel für einen arroganten Westdeutschen, der auf ↗ Neufünfländer herabschaut. Im Jahre 1994 brachte es diese Wortschöpfung aus guten Gründen zum «Wort des Jahres». Wird kaum aussterben, solange die meisten Kommentatoren aus der westdeutschen Peripherie kommen und ostdeutsche Zeitungen noch Artikel drucken wie «Je ost, desto dümmer. Wissenschaftler (natürlich aus dem Westen): Ostdeutsche dümmer als Wessis» (*Berliner Kurier* vom 25.6.2005). Aber auch dieser Klienteljournalismus hat nur eine begrenzte Überlebensdauer. Vgl. auch ↗ Wessi sowie ↗ Zoni.

Betonfrisur Die Epoche des Dauerkanzlers Helmut Kohl (1982–1998) war ein Zeitabschnitt, der in würdiger Nachfolge auf Bronze- und Eisenzeit als das Betonzeitalter in die deutschen Geschichtsbücher eingehen könnte. Denn während Tschernobyl, ↗ Waldsterben, Europapolitik, Massenarbeitslosigkeit und AKW-Krawalle in der kollektiven Erinnerung allmählich verblassen, kann die wie mit dem Mischer gegossene Frisur der deutschen First Lady geradezu als Symbol jener Ära gelten. Die welt- oder innenpolitische Lage konnte noch so wirr sein, beim Rehestreicheln am Wolfgangsee stand die Frisur so fest wie die Berliner Mauer.

Je nach politischer Couleur bleibt es jedem selbst überlassen, die bienenkorbartige Helmtracht von Kanzlergattin Hannelore als Ausweis von Stabilität oder Starrsinn zu werten. Der tief in die eigenen schwarzen Kassen gestürzte Betonkanzler ist heute fast vergessen, und auch die Frisur sieht man nur noch selten.

Betroffenheitskultur Wenn es einen Gegenpol zur ↗ Spaßgesellschaft gab, dann war dies zweifellos die B. Anfang der 1980er Jahre sammelte sich alles, was die marxistischen Sekten der Gesamthochschulen übrig gelassen hatten, in Geschichtswerkstätten, Kommunen oder sonstigen Betroffenenvertretungen und ließ sich einen Bart wachsen. Egal, ob ↗ Waldsterben, Judenverfolgung oder Obdachlosigkeit: Man reagierte mit Betroffenheit.

Zwar waren die wenigsten der mit Bionahrung und geräumigen Altbauwohnungen bestens versorgten Betroffenheitsexperten von irgendeinem der beklagten Zustände tatsächlich betroffen, doch darauf kam es nicht an. Jedenfalls nicht, solange man sich durch Schüren des schlechten Gewissens seiner Mitmenschen eine gut dotierte Stelle als hauptamtlicher Kümmerling im Shoa-Business oder in der Trauerpädagogik sichern konnte.

Mittlerweile ist die abgegriffene Rede von der Betroffenheit ins offizielle Floskeldeutsch der Redenschreiber und Leitartikler eingegangen, wo man sie erst recht nicht mehr ernst nehmen kann. Dies hat langsam auch der Letzte begriffen, und so steht in diesem Fall zu hoffen: das Ende von betroffen.

Bewerbungsgespräch
Unangenehmer Termin, bei dem man dem Generaldirektor persönlich gegenübersaß und gleich eingangs auf Stammbaum, Schmisse und Regimentszugehörigkeit geprüft wurde. Heutzutage laufen B. geringfügig anders ab – wenn es denn überhaupt einmal dazu kommt (vgl. auch ↗ Vollbeschäftigung). Der Delinquent sitzt zwischen Topfpflanzen und Mitbewerbern um einen runden Tisch, und ein freundlich lächelnder Hornbrillenträger stellt Fragen wie diese: «Unser Unternehmen legt großen Wert auf soziale Kompetenz und möchte Sie daher nicht nur als Mitarbeiter, sondern auch als Mensch kennen lernen. Würden Sie deshalb bitte uns allen hier Ihre größten Schwächen erläutern und uns ein paar Situationen schildern, in denen Sie beruflich oder privat total versagt haben? Denken Sie kurz nach, entspannen Sie sich, und tun Sie einfach so, als seien Sie unter Freunden. Tragen Sie Ihre Ausführungen

bitte in einer romanischen Fremdsprache Ihrer Wahl vor. Sie haben fünf Minuten Zeit, zu Ihrer Orientierung werde ich alle zehn Sekunden mit dem Kugelschreiber auf den Tisch klopfen.»
Derartige Methoden praktizieren heute fast alle großen Unternehmen, zur Seite stehen ihnen dabei ehemalige Geheimdienstmitarbeiter und Gehirnwäschespezialisten, auf deren Visitenkarten nunmehr die Namen der international operierenden Unternehmensberatungen stehen. Diese zeitgemäße Nachfolge der heiligen Inquisition heißt folgerichtig auch nicht mehr B. Aus Verschleierungsgründen nennt man sie *Assessmentcenter*.

Beziehungskiste
Dümmstdeutsch für eine Ehe, Liaison oder sonst eine eheähnliche Lebensgemeinschaft. Kam in der Zeit auf, als man sich das Leben als eine Art Sandkastenspiel vorstellte. Möglicherweise von Sozialpädagogen an irgendeinem Kräutertee-Stammtisch erfunden worden.

Biedermeier
Erstmals in einem Gedicht von Ludwig Pfau (1821–1894) verwendet: «Herr B., Mitglied der besitzenden und gebildeten Klasse». Gab schließlich einer Epoche den stilbildenden Namen, die Stilisten auch als «Unzeit» gilt. Taugt heute zur Herabwürdigung eines bürgerlichen Kleingeistes jedoch nur noch begrenzt. Auch weil Besitz und Bildung längst nicht mehr miteinander einhergehen müssen. Vgl. ✒ Bildungsbürger.

Biest   Von Bestie (lateinisch: bestia) abgeleitetes, veraltetes Scheltwort für ↗ Luder.

Bildungsbürger   Seit 1815 rekrutierte sich das B.-tum aus dem Berufsbeamtentum, später auch aus Freiberuflern, die mit A anfingen: Advokaten, Ärzte, Architekten, Apotheker und andere Akademiker. Während der Besitzbürger seinen Reichtum protzig zeigen konnte, musste der nach Status und sozialer Ehre schielende B. sich mit Kapital in weniger harter Währung aufplustern: Bücher im Regal, Abiturzeugnis im Goldrahmen und stets ein Klassikerzitat auf den Lippen.

Spätestens seit dem Verfall der Familie Buddenbrook erkennt man den B. daran, dass er wortreich und geschliffen, aber weinerlich und redundant sein eigenes Aussterben beklagt. Überall drohen die Proleten, die seine in den Jahrhunderten des Aufstiegs eroberte Gutenberggalaxis zerstören wollen. Krawall statt Krawatten, B-Filme statt Bildung, Fun statt Feuilleton: Es ist ein Trauerspiel. Wir wenden uns pietätvoll ab und überlassen den B. dem Tode an seinem eigenen Selbstmitleid.

Blaustrumpf   Veraltetes Geschlechterklischee für eine unnahbare, vergeistigte Frau. Geht zurück auf den englischen Spottnamen *bluestocking*, der im London des 18. Jahrhunderts die weiblichen Mitglieder schöngeistiger Debattierzirkel bezeichnete, die blickdichte Wollstrümpfe trugen. Die Wortschöpfung spiegelt den Widerstand männlicher Kreise gegen die Berufstätigkeit der Frau anschaulich wider. Von dem Dichter Emanuel Geibel (1815–1884) sind etwa folgende Zeilen eines Spottverses aus dem Jahre 1838 überliefert:

«In der Gesellschaft, wo am blanken Teetisch
das Wasser brodelt und der B. glänzt,
und wo prosaisch bald und bald poetisch
des Geists Rakete durch die Luft sich schwänzt (...)»

Heute haben selbst geschwänzte Raketen nichts mehr gegen blaue Strümpfe einzuwenden, und in der Singlegesellschaft ist das Scheltwort ähnlich überholt wie ↗ alte Jungfer oder ↗ Hagestolz.

Blümchenkaffee Kaffee, der so dünn ist, dass man das Blümchendekor am Tassenboden hindurchscheinen sieht. Als das Bohnengetränk noch ein Luxusprodukt war, war dieser Umstand ein Ausweis von Armut. Ob der wortverwandte Begriff Blümchensex auf ähnliche Weise zu erklären ist, sei hier einmal dahingestellt. Vgl. auch ↗ Muckefuck sowie ↗ Lorke.

Blumenkind Wer in der zweiten Hälfte der 1960er Jahre die amerikanische Westküste besuchte, wurde von einem international erfolgreichen Schlager dazu aufgefordert, Blumen im Haar zu tragen. Wer aber wirklich dazugehören wollte, der trug außerdem die Haare lang und offen, nähte sich aus einem Flokati eine Tunika, hängte sich ein rundes Amulett um den Hals, schluckte lilafarbene Pillen und sprach in Rätseln.

Die in Marihuanaduft und indischen Lehren schwelgenden Jugendlichen nannten sich selbst B. Im Zuge der Amerikanisierung der Jugendkultur wurden sie jedoch bald als Hippies pauschalisiert und belächelt.

Bobo Im ausgehenden 20. Jahrhundert war eines der beliebtesten Gesellschaftsspiele das Generationenerfinden. Der Journalist und Europa-Korrespondent des *Wall Street Journal*, David Brooks, entdeckte nach seiner Rückkehr in die Vereinigten Staaten gleich eine neue Klasse: die bourgeoisen Bohemiens, kurz B. Im Unterschied zu den etablierten amerikanischen Kasten (zum Beispiel den WASP – White Anglo-Saxon Protestants oder der Upper Lower Middleclass) war der B. ein Sowohl-als-auch-Amerikaner. Zwar konnte er aufgrund seiner Herkunft an der richtigen Universität studieren, aber er las trotzdem Beatliteratur und dekorierte seine teure Fabriketage (neudeutsch: *Loft*) mit Duftkerzen und Postern von Rockbands. Mit anderen Worten: Er benahm sich wie ein Freak, wenngleich auf hohem Preisniveau.

Denselben Vorgang nahm man auch im alten Europa wahr, wo bekanntlich alles, was von jenseits des Atlantiks kommt, gerne kopiert und bis zur Karikatur übertrieben wird. Das Wort B. taugte hierzulande zwar für einen Bestseller und füllte die Gesellschaftsteile der einschlägigen Gazetten eine Saison lang mit als pseudosoziologische Essays getarnten

Einrichtungsberatungen, setzte sich langfristig jedoch nicht durch.

Entweder weil die B. kollektiv in die USA ausgewandert sind. Oder weil sie sich am Neuen Markt derart verspekuliert haben, dass sie ihre Geländewagen verkaufen mussten, und nun wieder so bescheiden leben wie alle anderen Proleten auch.

Bönhase

Norddeutscher Jargon für einen Handwerker, der ohne Erlaubnis der Zunft heimlich auf dem Dachboden (Böhn) seinem Pfuschwerk nachgeht. Konsultiert man heute einen Handwerker gleich welcher Zunft, so lautet die erste Frage: «Mit oder ohne Rechnung?» Wo Schwarzarbeit der Normalfall ist, braucht sich keiner mehr auf dem Dachboden zu verstecken – und der B. ist somit obsolet.

Börsenhai

Siehe ↗ Börsenmakler.

Börsenmakler

Ebenso veraltet wie Nadelstreifen, Stockschirm und Melone. Der Börsianer trägt karriereblaue Hemden und am *Casual Friday* khaki und eine Baseballmütze, die er *cap* nennt. Und weil seine Kurse von der Wall Street abhängig sind, nennt er sich selbst lieber *Broker*. Vgl. auch ↗ Spekulant.

Bonanzarad Es war kurz nach der Zeit, in der Peter Fonda mit wehendem Haar und sattem Motorengeräusch über die Landstraßen gedonnert war, den Helm auf dem Gepäckträger, bereit, jedes Blumenmädchen zu pflücken, das am Rande der Freeways blühte.

Wir Kinder sahen den Film *Easy Rider* (1968) erst viel später, wussten aber schon damals, in den 70ern, worauf es ankam. Die Freiheit auf zwei Rädern bestand aus einem orangefarbenen Rahmen und hatte einen Bananensattel, lang genug, um eine Miniclubschönheit darauf mitzunehmen. Der Lenker war gebogen wie das Horn eines amerikanischen Präriestieres, und das Allerbeste war die Dreigangschaltung, die einen echten Schaltknüppel besaß. Das B. war der Chopper unter den Kinderfahrrädern und wurde entsprechend aufgemotzt. Zwischen die Speichen gehörten Bierfilze gesteckt, an die Gabel geklebte Plastiklaschen simulierten über die Speichen klackernd ein echtes Motorengeräusch, und hintendrauf gehörte eine neonfarbene Antenne, an deren Ende ein Fuchsschwanz im Fahrtwind baumelte.

Zum ersten Mal im Leben begriffen wir Dreikäsehochs, dass ein Fahrrad nicht einfach nur ein Fahrrad sein musste. Es war Chrom und Metall gewordene Freiheit, verlieh seinem Besitzer Stärke und Macht und vielleicht sogar eine erste Ahnung von Sex. Dumm nur, dass unterm Weihnachtsbaum 1975 dann ein «total vernünftiges», in unseren enttäuschten Augen jedoch vollkommen unwürdiges Kinderklapprad stand: mit Schutzblechen, Torpedo-Dreigangschaltung und einem ausklappbaren Stoppschild am Gepäckträger.

Das Ende des B. sah dann eigentlich wieder aus wie ein

Klapprad, war lächerlich klein, hatte überall Polster, grobe Stollenprofile auf den Rädern und hieß BMX. Später kauften die BMX- und B.-kinder dann einen VW Golf, aber das steht in einem anderen Buch. Der Name Bonanza korrespondierte mit dem Titel einer ultimativen Fernsehserie, in der die Welt noch ordnungsgemäß in Gut und Böse zerfiel. Doch die Zeiten, in denen Bonanzaräder einträchtig auf dem weiten Weideland der Ponderosa-Ranch zwischen Sandkasten und Jugendzentrum grasten, bewacht von mutigen Cowboys mit Pflastern auf den Knien und rauchenden Colts in den Händen, sind endgültig vorbei – im Fernsehen wie im richtigen Leben.

Bratkartoffelverhältnis In Zeiten des ↗ Schlaf↙ burschentums gingen Männer oder Frauen Beziehungen ein, um Unterkunft und Verpflegung zu sichern. Mittlerweile spricht man von verdeckter Obdachlosigkeit, Bratkartoffeln sind selbst in zweifelhaften Mietverhältnissen eher unüblich.

Brestling Nicht zu verwechseln mit der amerikanischen Trendsportart Wrestling. Dieses Wort wird deutsch ausgesprochen. Großmütter benutzten es noch im 20. Jahrhundert für Erdbeeren, wohl weil diese früher gerne aus dem französischen Brest importiert wurden.

brettsegeln Ursprünglich polynesische Art, den Meeresgöttern zu huldigen. Man nehme ein Brett aus leichtem Balsaholz, paddele mit kräftigen Armbewegungen auf den Ozean hinaus und gleite dann auf einer möglichst großen Welle Richtung Ufer. Amerikanische Wellenreiter eigneten sich diese Kulturtechnik als Zeitvertreib an und erklärten sie unter dem Begriff Surfen zum Lebensstil von Jugendgenerationen. In den 1970er Jahren setzten sich die Bretter, die die Welt bedeuten, auch in Deutschland durch, allerdings mit einem baggerseetauglichen Segel versehen unter dem Trendbegriff Windsurfen.
Es ist den Worterfindern der Deutschen Demokratischen Republik zu verdanken, dass der Amerikanismus unter dem Namen b. eingedeutscht wurde. Mit dem Ende der DDR wurde das schöne Wort irgendwo hinter den Kreidefelsen von Rügen versenkt.

Brit Angehender ↗ Halbstarker zwischen 14 und 18 Jahren. Der Hamburger Pastor Clemens Schulze schilderte ihn 1912 als den «regelmäßigsten und aufmerksamsten Beobachter bei Aufläufen». Demnach war seine Freude «Passantenbelästigung, Gemeinheiten nachrufen, Beine stellen oder etwas nachwerfen». Von richtigen Verbrechen hielt er sich jedoch fern und beging stattdessen lieber Rohheitsdelikte.

Broiler Beliebtestes Haustier der Ostdeutschen: ein fettiges Federvieh, gut gerupft und scharf gegrillt. Als 1957 eine bundesdeutsche Firma die Lizenz für Mastgeflügel erwarb, wurden bratfertig angebotene Hähnchen auch im Westen kurzzeitig unter dem amerikanischen Namen B. (aus dem Englischen: *ready to broil*) angeboten. Da man jedoch fürchtete, dem Konsumenten sage das Fremdwort nichts, erfand man als offizielle Sprachregelung das Goldhähnchen. Auf der anderen Seite des Eisernen ↗ Vorhangs übernahm das volkseigene Kombinat Industrielle Mast (KIM) die Lizenz für den Bratspieß. Ob der kernige Reklamespruch «Köstlich – immer marktfrisch» hier zum Erfolg half, weiß man nicht genau. Dennoch mauserte sich der B. bald zu einem Grundnahrungsmittel in der Deutschen Demokratischen Republik.

Berühmt wurde die Gaststätte «Zum Goldbroiler» auf dem Alexanderplatz, die zeitweise als Treffpunkt jugendlicher Randgruppen fungierte. Wer seinen B. nicht mit Messer und Gabel aß, konnte jedoch ↗ Alexverbot erhalten. Wird seit dem Fall der Mauer vom deutschtürkischen Döner Kebab bedroht, hält sich jedoch noch an einigen Bratstationen. Vgl. auch ↗ Suppenhuhn.

Brummi Fernfahrerdeutsch aus jenen Tagen, als auf den Anhängern von Lastkraftwagen (LKW) noch Aufkleber um Sympathie buhlten: «B. hat ein Herz für Kinder». Spätestens seit der Rückspiegeldebatte vermeiden die Könige der Landstraße jeden Bezug zu Kindern und kleben Hinweise wie «Meiner ist 12,5 Meter lang» auf ihr Gefährt.

Das von markigen Bassstimmen besungene 30-Tonner-Diesel-Image des Asphaltcowboys wirkt heute ohnehin antiquiert. Die mit Geige, Banjo und Steelguitar besungene große Freiheit endet hierzulande nach wenigen Kilometern. Der Fernfahrer steht tagelang im Stau und wird mit City-Maut, Sonntags- und Nachtfahrverbot gepeinigt, während ihm die Disponenten im Nacken sitzen. Da wirkt nicht nur das Wort B.-fahrer veraltet, sondern auch der Amerikanismus *Trucker*.

Bückeisen   Altertümlich für ein Sportmotorrad, auf dem der Fahrer in gekrümmter Haltung sitzt wie der sprichwörtliche «Affe auf dem Schleifstein».

Bückling   Übertrieben tief ausgeführte Verbeugung, die schon zu Zeiten ihrer allgemeinen Verbreitung Schmunzeln hervorrief. Heute, abgesehen von Asien, eine geeignete Methode, sich der vollkommenen Lächerlichkeit preiszugeben. Korrekt quält man ein mürrisches «Hi» zwischen den Zähnen hervor und bewegt allenfalls leise eine Augenbraue zur Begrüßung. Vgl. auch ✒ Kratzfuß.

Bückware   Verschwiegen unterm Ladentisch verkaufte Ware, die derart selten oder anstößig ist, dass man sie nicht offen auslegen kann. In der DDR etwa war die Zeitschrift *Das Magazin* so gesucht, dass Händler sie unter dem Ladentisch für ihre Stammkunden aufbewahrten. In

St. Pauli ist ein Tabakhändler und Hobbyfotograf verbürgt, der bis in die 1960er Jahre seine im Hinterzimmer aufgenommenen Nacktfotos junger Damen verkaufte, die keine waren. Heute kennt man B. allenfalls noch in so genannten *Head Shops*, wo auf ein Codewort hin, etwa das Verlangen eines «Duftkissens», getrocknete Pflanzen oder Pilze verkauft werden, die meist gegen das Betäubungsmittelgesetz verstoßen. Alles andere ist heutzutage im Internet erhältlich, weshalb man es Klickware nennen sollte.

Bürgerinitiative Relikt aus einer Zeit, in der alles Böse von oben und alles Gute von unten kam, zum Beispiel die Gegenpolitik. Schlüsselwörter dieser Mentalität waren Mitgestaltung, soziale Verantwortung, Engagement, Solidarität, Bewegung und ähnliche Anachronismen. Bärtige Männer und Frauen in Batikröcken, die sich zu den Gitarrenklängen von «We shall overcome» an den Händen hielten, um den Bau einer Umgehungsstraße zu verhindern oder für eine Grünanlage zu demonstrieren.

Anfang der 1970er Jahre war das Engagement in einer B. mindestens so wichtig wie heute die Mitgliedschaft im Golfclub. Ob gegen Fluglärm oder Langstreckenraketen, war dabei erst einmal egal, Hauptsache, man sammelte Unterschriften, stellte einen Tapeziertisch mit ↗ Flugis in die Fußgängerzone und schrie etwas durch die Flüstertüte (damit war ein Megaphon gemeint). Der Einzug der Grünen als erster Bürgerinitiative mit Parteistatus in den Deutschen Bundestag war 1983 der Anfang vom Ende der Idee handgestrickter Politik. Es war nur eine Frage der Zeit, bis Strickzeug und Turnschuhe wieder in den ✏ Jutebeuteln verschwanden. Die Initiative der Bürger beschränkt sich heute weitgehend auf Rabattmarkensparen, Steuerhinterziehung und Schnäppchenjagd. Wer sich heute doch noch engagiert, tut dies in einer Non-Governmental Organisation (NGO).

Bürgerkäfig Eine im Motorradfahrerjargon verächtliche Bezeichnung für einen Personenkraftwagen. Auch als Dose verunglimpft, den Fahrer selbst nannte man Dosentreiber. Seitdem das Führen von Automobilen nicht mehr nur dem Bürgertum vorbehalten und umgekehrt das Fahren von ✏ Feuerstühlen in bürgerlichen Schichten weit verbreitet ist, verliert das Wort an Bedeutung.

Bummel Auch als Einkaufsbummel oder Schaufensterbummel bekannt. Behäbiges Wort aus frühkapitalistischer Zeit, als man sich für den Einkauf noch Zeit nahm und mit Muße durch die Geschäftsmeilen streifte. Der Einkaufsb., den man gerne in Begleitung antrat, diente weniger dem Erwerb von Dingen des täglichen Bedarfs, er wurde eher als Selbstzweck bzw. Zeitvertreib verstanden. Noch 1961 kam ein Film mit dem Titel *Heute gehen wir bummeln* in die ✏ Lichtspielhäuser. Ob das Aussterben des Einkaufsbummels mit dem Untergang der ✏ Fräuleins, der Erfindung des Online-Kaufladens oder der menschenfeindlichen Gestaltung der *Malls* zu erklären ist, bedarf weiterer Klärung. Der moderne Konsument jedenfalls bummelt nicht mehr altdeutsch, er geht neudeutsch *shoppen*.

Bummelant Früher, in Zeiten der ↗ Vollbeschäftigung, herablassend für Nichtstuer, Spätaufsteher und Müßiggänger aller Art. War ein paar Jahrhunderte lang synonym für den studentischen Lebensstil. Heute mangels bezahlter Alternativen in zunehmendem Maße selbstverständlich gewordener Lebensstil von Millionen. Deshalb nicht mehr der Rede wert.

Butje Verhaltensauffälliger Schüler, der das 14. Lebensjahr noch nicht erreicht hat und in einer Kausalkette des Verderbens bald ↗ Brit, dann ↗ Halbstarker wird.

C

Café Achteck Die Art Café, in dem man keine Getränke zu sich nimmt, sondern das Gegenteil davon tut. Es handelt sich dabei nämlich um eine öffentliche Bedürfnisanstalt. Den Grund für die Errichtung derartiger ↗ Abtritte illustriert ein Bericht des ärztlichen Vereins zu Göttingen von 1871, in dem es heißt: «Wir können nicht unterlassen, hierbei zu bemerken, dass außerdem ein Teil der Brunnen nicht allein durch Gossenwasser verunreinigt wird, sondern dass es augenscheinlich der Polizei nicht möglich ist, eine Verunreinigung durch Urin, wie sie allabendlich in der Zeit von 22 bis 24 Uhr namentlich in der Nähe der Wirtshäuser stattfindet und mit Leichtigkeit abgestellt werden kann, zu verhindern.»

Ähnliche Zustände hatte man bereits in anderen großen Städten wie München beklagt, wo es bis ins 19. Jahrhundert hinein üblich war, Fäkalien aus dem Fenster auf die Straße zu kippen. In Berlin entschied man sich im Jahre 1863 endlich zu handeln: Die ersten öffentlichen Pissoirs wurden errichtet, die Anwohner allerdings protestierten gegen die neuen «Stinkbuden». So ist die Beschwerde eines Berliners an den Magistrat erhalten, der da behauptete: «Derjenige, der die Anordnung zu diesem Bau vor meinem Haus gibt, ist ein ↗ Schuft. Beim Magistrat sind lauter Lumpen und Esel.»

Eine Neuerung waren da die hochmodernen gusseisernen Pissoirs mit Wasserspülung. Wegen ihres achteckigen Grundrisses nannte sie der Volksmund C. A. oder, nach dem damals für den Bau verantwortlichen Polizeipräsidenten Madai, auch Madai-Tempel. Allerdings waren sie zunächst aus Schicklichkeitsgründen nur für Männer vorgesehen. Seit der Kaiser gegen Anfang des 20. Jahrhunderts an einem Klohäuschen vorüberschreiten musste und drob die Nase rümpfte, begann man die Örtchen in den Untergrund zu versenken.

Die heutigen mikroprozessorgesteuerten, selbst reinigenden und mit Musik- und Klimaanlage ausgerüsteten City-Toiletten sind im Unterschied zum C. A. kostenpflichtig und werden daher nur von Wohlhabenden genutzt. Der Rest der Bevölkerung folgt seinen Bedürfnissen gerne wie damals auf offener Straße. So nähern sich die Hygieneverhältnisse allmählich wieder denen von 1871 an.

Von den ursprünglich 120, oft in Waidmannsluster Grün gestrichenen achteckigen Bedürfnisanstalten sind in Berlin heute nur noch 24 erhalten. Sie stehen unter Denkmalschutz.

Chapeau claque

«Schön ist ein Zylinderhut, wenn man ihn besitzen tut», heißt es mit Recht im deutschen Liedgut. Noch besser allerdings war einer, der sich zusammenklappen ließ. Man nannte ihn C.

Charivari Das Leipziger Allerlei Bayerns, wo es auch einem bunt gemixten Radiosender den Namen gegeben hat – wie um 1840 herum bereits einigen Satirezeitschriften. Nicht zu verwechseln mit einem berühmten Geigenbauer, dem an Mumpitz grenzenden ↗ Larifari oder dem Namen einer Ostberliner Universitätsklinik. Wenn es darauf ankommt, aber alles zusammen. Nur dass es einmal die Bezeichnung für einen Uhrenschmuck an altbayerischen Männertrachten war, weiß kein Mensch mehr.

D

Datenhandschuh In seiner Frühzeit gebar das Internet allerlei Science-Fiction. Eine Zeit lang übertrumpften sich die Medien mit Visionen wie der Mär vom Cybersex. Den damaligen Berichten der Magazine zufolge müssten die Mitglieder der Informationsgesellschaft längst hautenge, verkabelte Anzüge tragen, um damit einen von Sensoren stimulierten virtuellen Orgasmus zu erleben.

In dieser Zeit wilder Phantasmen tauchte auch der D. regelmäßig auf, ein schwarzer, verkabelter Handschuh, dessen Träger sich mit Hilfe von Verrenkungen seiner Finger irgendwie durch den Cyberspace bewegt. Dazu kam es allerdings nicht, und Experten zufolge taugt der D. selbst in naher Zukunft nicht mal als Modegag.

Dauerlauf Schlabberige Strampelanzüge mit den drei obligaten Streifen an den Seiten, von denen man ja auch behauptet, sie machten schlank. Wer allerdings richtig schlank werden will, der muss Kalorien verbrennen, indem er läuft und läuft und läuft. Die Bezeichnung D. drückte exakt aus, was gemeint war: bei den ↗ Leibesübungen in der Schule ebenso wie beim Volkssport. In den 1970er Jahren, dem Jahrzehnt des Breitensports, sah man zwischen *Derrick* und *Aktenzeichen XY* in der Werbung für einen

Magenbitter unter dem Slogan «Komm doch mit auf den Underberg» gleich Tausende bergauf laufen.

Irgendwann aber erlahmten die Volkskörper, und ein neues Image musste her. Fortan riefen Hochglanzillustrierte zum *Joggen* auf. Das klang nach einer neuen exotischen Sportart, und seitdem ist das Wort D. nur noch auf verstaubten Stundenplänen zu Hause. Laufschuhe kauft man nicht etwa im Fachgeschäft für Dauerläufer, sondern im «Runners Point», und alle paar Jahre wird für die zweitälteste Sportart der Welt ein neues Fremdwort geboren: *Walking, Nordic Walking, Running*. Das Wort D. ist heute genauso modern wie ein ✒ Turnbeutelvergesser.

Debattenfeuilleton

Medial ausgelöster Schreibreflex, der sich in einem Dominoeffekt vorhersehbarer Meinungsäußerungen der immergleichen Kandidaten Bahn bricht. Füllte jahrzehntelang die Kulturteile der überregionalen Zeitungen. Bot seit den Tagen der Gruppe 47 einer ganzen Generation hauptamtlicher Debattenführer ein regelmäßiges Einkommen in Zeilenhonoraren. Beispiele aus jüngerer Zeit: Gentechnik-, Mahnmal-, Walser-, Rechtschreib- oder Botho-Strauß-Debatte.

Da sich heute niemand mehr ernsthaft über Themen aus der kulturellen Sphäre empören kann, werden die meisten Debatten beizeiten vorgeplant und dann in lockerer, aber häufiger Folge auf den Druckseiten real simuliert. So irrlichtern die Expertenbeiträge dann als feuilletonistische *Daily Soap* so lange durch das Sommerloch, bis keiner mehr weiß, worum es ursprünglich einmal ging. Nach Folge Nummer 36 wird die Serie dann klammheimlich eingestellt.

Spätestens seitdem die wichtigeren Debatten bei *Christiansen* beginnen und aus aufmerksamkeitsökonomischen Gründen innerhalb von 60 Minuten Sendezeit inklusive Werbeunterbrechung diskutiert werden müssen, ist die Form des Debattenfeuilletons hoffnungslos veraltet. Aber man kann es ja immer wieder mal versuchen.

Denkungsart Ein unbeständiges Getränk ist die Milch der frommen D. Sie kann sich nach Ablauf des Verfallsdatums nämlich «in gärend Drachenblut» verwandeln. So geschehen auf dem Hohlweg in Friedrich Schillers *Wilhelm Tell*. Als dieser dem Vogt auflauerte, kämpfte er mit seinem waidmännischen Gewissen, das bis dahin nur das Schießen auf Tiere erlaubte, nicht jedoch auf Landesväter.
Kühe, die derart moralische Milch spenden, sind mittlerweile selten geworden. Heute erhitzt man die Milch ultrahoch und macht sie völlig keimfrei. Wer noch von D. spricht, mag damit im Unterschied zur Denkart zwar eine grundsätzlich andere Herangehensweise meinen, doch klingt das Wort gespreizt. Man überlasse es also getrost den Schweizern. Die machen aus der Milch den Käse und schießen mit der Armbrust die Löcher hinein.

Dialektik Im Studentendeutsch älterer Semester wichtigste interdisziplinäre Vokabel zum Bestehen von Hausarbeiten gleich welchen Themas. Kann im Speziellen irgendwas und im Allgemeinen alles bedeuten, verweist jedoch vor allem auf eine jahrzehntelange Mangelernährung mit Mensakost. Wer heute noch die D. *der Aufklärung* im Bildungsgepäck mit sich herumschleppt, qualifiziert sich allenfalls für den akademischen Vorruhestand. Das jahrzehntelang meistzitierte Adjektiv dialektisch bleibt in einer Zeit, die Horkheimer & Adorno für die Erfinder der Hornbrille bzw. für die Vorgänger von Dolce & Gabbana hält, ebenso unverstanden wie früher auch schon. Nur wirkt es heute vollkommen aus der Zeit gefallen und wird daher zwangsemeritiert.

Diktat «Nach D. verreist.» Eine Floskel aus der Zeit, als Briefe noch aus Papier bestanden und von einer leibhaftigen Sekretärin fein säuberlich mit der Maschine abgetippt wurden. Aufgenommen wurde das D. mit dem Diktaphon oder in der Geheimschrift so genannter Tippsen stenographiert. Wohin der Absender verreist war, ließ Raum für Spekulationen. Zum Skilauf auf dem Davoser Weltwirtschaftsgipfel? Zum Segeln in Saint Tropez? Oder nur nach Mülheim zur Mustermesse?

Heute steht unter Briefen: «wurde maschinell erstellt und trägt daher keine Unterschrift». Der bürokratische Charme ist dabei in etwa derselbe, das Wort D. ist in diesem Zusammenhang außer Mode gekommen, ebenso das Wort Diktaphon, dessen Klangfarbe gut zur Teakholztäfelung im Büro des Generaldirektors passte. Die heutigen Direktoren wollen nicht mehr Generäle, sondern *Player* sein, und sprechen ein *Memo* oder eine *Note* auf ihren Dat-Rekorder. Diktate gibt es nur noch in Diktaturen und in der Grundschule.

Diskothek   Getönte Brillen mit Goldrand, buschige Koteletten und Schlaghosen, unter deren Trompetenbeinen die glitzernden Plateauschuhe fast verschwinden: Die hohe Zeit der D. waren die 1970er Jahre. Das Wort stammt aus der Epoche, als die Musikwelt noch eine Scheibe war und sich alles um die Schallplatte drehte. Diskoforscher führen das Entstehen von Räumen, die dem Abspielen von Schallplatten dienten, auf die deutsche Besatzung Frankreichs im Zweiten Weltkrieg zurück. Weil Tanzmusik im Krieg verboten war und die Orchestermusiker die Trompete gegen den Karabiner getauscht hatten, behalf man sich auf versteckten Tanzflächen hinter zugezogenen Vorhängen mit dem Grammophon.
Wann genau aus den Tanzschuppen und Beatkellern moderne Diskotheken wurden, liegt im Kunstnebel der Popgeschichte verborgen. Seinen Höhepunkt dürfte das Diskofieber mit John Travoltas Tanzschritten auf der Kinoleinwand erreicht haben. Eine gleichnamige Fernsehsendung mit Ilja Richter («Licht aus, Spot an!») schleppte sich kalauernd durch das ausklingende Jahrzehnt.
Mittlerweile nennen sich D. vornehm Clubs. Wo genau der Unterschied liegt, ist schwer zu sagen. Eine Zeit lang galt die Regel: Wer einen ehrlichen Beruf ausübt, geht in die D. Für alle anderen, die in Medien, Agenturen oder Internet

machen, sind die Clubs da. Und von den Menschen mit ehrlichen Berufen sind nicht mehr viele übrig.

Dosentreiber

Motorradfahrerdeutsch für den Fahrer eines Personenkraftwagens. Vgl. auch ⚐ Bürgerkäfig.

Druckbetankung

Auch als Vorlöten bekannter Vorgang, der mit Autofahren nichts zu tun hat. Vielmehr benannte das Wort in der Jugendsprache des 20. Jahrhunderts die planvolle Aufnahme von Alkohol zum Zwecke der Stimmungssteigerung vor dem Besuch einer ⚐ Fete. Dort kam es dann gewöhnlich zum Volltanken, irgendwann zum Vollrausch und am Ende gelegentlich auch zur abrupten Tankentleerung.

Düffeldoffel

Siehe ⚐ Übelkrähe.

dünken

«Das deuchte mir angenehm», heißt es so schön. Wem etwas deuchte, der vermutete nur. Denn nichts anderes bedeutet die vom Imperfektum dachte hergeleitete, vollkommen unzeitgemäße Vokabel, die mit denken stammverwandt ist. Im Unterschied zu denken bringt sie aber eine eher gefühlsmäßige Ahnung zum Ausdruck. Für verstandesmäßige Vermutungen verwendete man die nicht minder bedrohte Form: *mir dünkt*. Vgl. auch ⚐ Gutdünken, das inzwischen fast vollkommen ausgestorben ist. In alter Frische hält sich noch immer die Redewendung schwanen, zum Beispiel «mir schwant nichts Gutes».

dufte

«D. Bienen, scharfe Käfer.» Wenn tolle Hechte im Partykeller auf die Jagd gingen, fielen flotte Sprüche. Attribut aus der Zeit der ⚔ Käseigel und Kittelschürzen. Lebt nur noch in lustigen Filmen aus den 1970er Jahren fort, in denen Jungs im Ringelpullover in Umkleidekabinen einbrechen, um heißen Fegern heimlich die geblümten Kleidchen zu klauen. Heute so modern wie Derrick-Brille oder Rummenigge-Frisur.

Duttengretel

Als die Brüder Grimm dem Volk aufs Maul schauten, entdeckten sie auch dieses schöne Wort und schrieben es in ihre Schwarte. In ihrem *Deutschen Wörterbuch* bezeichnet es ein obenherum überproportional wohl geformtes Frauenzimmer, eine «mit Holz vor der Hütt'n», wie man im süddeutschen Raum noch heute sagt. Seit dem langen Marsch des Feminismus durch die deutschen Sprachregelungen erklingen derlei volkstümliche Tatsachenbeschreibungen mit Recht nur noch selten. Und was sollte es, da sich das Silicon Valley auch hierzulande im wahrsten Sinne des Wortes breit macht, noch über die wahre Natur des Menschen sagen?

E

Ehe, wilde Relikt aus einer Zeit, in der ein Schlager von Udo Jürgens, eine zerrissene Jeans oder Haare, die über den Hemdkragen ragten, revolutionär sein konnten und das Zusammenleben ohne Trauschein und Ehering noch ein mittlerer Skandal war, der soziale Ächtung nach sich zog. Das Ganze führte zu peinlichen Momenten an der Hotelrezeption, wenn man zwar dasselbe Bett teilte, aber mit verschiedenen Namen unterschrieb. Heute so überflüssig wie ein Schlips in der ↗ Diskothek.

Ehebruch Früher ein kapitales Verbrechen wider die Tugendhaftigkeit, heute eine durchaus übliche Gewohnheit, die mit Liaison, Affäre oder Seitensprung hinreichend beschrieben ist.

ehern Bezeichnete ursprünglich die Materialität eines Gegenstandes, der aus Bronze oder Eisen war.
So flatterte selbst dem göttlichen Hektor die nervige Rechte, als Aias nahte mit türmendem Schild« e. und siebenhäutig, den Tychios klug ihm vollendet (...)». Wer heute so spräche wie Johann Heinrich Voß in seiner Übertragung der Ilias, würde vermutlich homerisches Gelächter ernten. Doch ein eherner Charakter erträgt auch dieses.

Eigenheimzulage Das sterbende Wort ist wie wenige andere geeignet, die deutsche Mentalität des Häuslebauers (schwäbisch) zu belegen. Relikt aus der Zeit des Subventionswesens: Noch im Jahr 2004 machte der Staat rund 11,4 Milliarden Euro dafür locker. Wer immer eine Wohnung im Inland kaufen oder herstellen und für sich selbst nutzen wollte und mit seinem Einkommen unterhalb einer bestimmten Bemessungsgrenze lag, dem stand für die Dauer von acht Jahren ein warmer Regen in Form der E. zu. Die rot-grüne Bundesregierung wollte das Wort 2004 mit dem «Gesetz zur finanziellen Unterstützung der Innovationsoffensive durch Abschaffung der E.» entsorgen, scheiterte mit diesem Wortungetüm aber im Bundesrat, der Vermittlungsausschuss vermittelte. Die Tage dieses urdeutschen Begriffs sind gezählt, er ließ sich ohnehin nur schwer in Fremdsprachen übersetzen.

Eingriff Schlitzförmige Öffnung, die den Notausgang beim ✔ Schlüpfer bezeichnete. Ob dieser eigentlich jemals genutzt wurde, wäre eine lohnende Fragestellung für die Textilwissenschaft. Heute sind Eingriffe immer gleich schwerwiegend, zum Beispiel in die Persönlichkeitsrechte. Auch werden schnelle Eingreiftruppen ausgebildet, doch das hat mit dem ursprünglichen textilen E. (hoffentlich) nichts zu tun.

Einschaltquote Obwohl sie so ziemlich alles ist, worauf es den Sendern ankommt, gehört der Begriff zu den bedrohten Wörtern. Er wird nur noch von Laien ausgesprochen, Branchenkenner reden von *Audienceflow*.

Einspänner 1. Karren bzw. Kutsche, die von nur einem Pferd gezogen wird.
2. Österreichische Kaffeehausspezialität: schwarzer Kaffee mit Schlagobers (deutsch: Schlagsahne) und Staubzucker (deutsch: Puderzucker) im Glas.
3. Seit 1850 gebräuchlich für jemanden, der seinen Lebenskarren alleine zieht, also einen ✒ Junggesellen bzw. ✒ Hagestolz.

Elchtest Darüber lachte einmal die Welt: ein deutsches Auto, das in der Kurve umkippte. Dies bewies eine von Testfahrern E. genannte Probefahrt auf kurvenreicher Strecke. Die Karriere des Begriffs blieb indes bescheiden. Heute fährt die A-Klasse so selbstverständlich und sicher über die Straße, als wäre nie etwas gewesen.

Elle Hier ist nicht etwa die gleichnamige Frauenzeitschrift gemeint, sondern eine Jahrtausende währende Maßeinheit, die mit dem menschlichen Unterarm namensgleich war – obwohl deutlich länger als dieser. Die E. reichte vom Ellbogen bis zur Spitze des Mittelfingers und wurde unterteilt in Spanne, Handbreit und Finger.

Ganz so genau nahm man es dabei allerdings nicht: So unterschied man um 1842 in Böhmen die Prager E. mit 0,7130 Metern von der bayerischen E., die nur 0,59394 Meter maß, während man in Venedig sogar eine 0,817 Meter lange E. kannte. Nicht auszudenken, zu welchen Szenen es kam, wenn ein reisender Venezianer in Bayern eine E. Damaststoff für ein neues ⚔ Wams verlangte und sich um 0,22306 Meter betrogen fühlte.

Deshalb kam man gegen Ende des 18. Jahrhunderts auf die Idee, die Distanz vom Pol bis zum Äquator auszumessen, durch zehn Millionen zu teilen und das Ergebnis unter dem Namen Meter zu vereinheitlichen. Den misst man mit dem ⚔ Holzgliedermaßstab. Federführend bei der Durchsetzung des metrischen Systems war die Französische Akademie. Seitdem ist die traditionelle E. antiquiert und nicht einmal mehr in der Tuchbranche anzutreffen.

Ellenreiter

So nannte man den Ladengehilfen in Tuchgeschäften. Heute wird selbst in Tuchgeschäften mit dem Meter Maß genommen, und die ⚔ Elle hat ausgedient.

Erbfeind

Begriff für den Franzosen aus Zeiten der europäischen Uneinigkeit. Damals wurde der E. auch noch Franzmann genannt. Seit der Jungdeutsche mit Gauloises im Mundwinkel, Baguette unterm Arm, Croissantkrümeln auf dem Lacoste-Hemd und einem Lied von Coralie Clément im Ohr durch die deutschen Lande wandelt, ist «liberté toujours» der zeitgemäße Wappenspruch der Peugeot-fahrenden Franko-Germanen. Die alten Schlachten werden nur noch bei der Tour de France ausgetragen. Statt vom E. spricht man heute von «unserem lieben europäischen Nachbarn».

Erdapfel Ursprüngliche und korrekte Bezeichnung für die um 1623 nach Mitteleuropa importierte Erdfrucht *(Solanum tuberosum Lin.)*. Kann als mahnendes Beispiel für die Abnutzung von Wörtern stehen: Durch die massenhafte Verbreitung schliff sich die Aussprache des Wortes E. so sehr ab, dass im Westerwald aus dem langen Erdapfel ein kurzer Erpel wurde (in Südhessen auch als Grumbeeren bzw. Grundbeeren bekannt). Im restlichen Sprachgebiet vernuschelte man den E. zu Kartoffel. Auch diese allgemein gültige Kurzform ist heute vom Aussterben bedroht. In Fast-Food-Kreisen spricht man schon heute nur noch von *Potatos* (sic!).

Erwerbsgesellschaft Siehe ↗ Arbeitsgesellschaft

Exportbier Süddeutschen Zechern als mild gehopftes Bier noch in unteren Regionen des Körpergedächtnisses (Leber) bewusst. Wurde üblicherweise in Halbliter-Gebinden abgegeben und war billiger als echtes Pils. Stand außerhalb von Bayern wegen seines weniger herben Geschmacks im Ruf eines Mädchengetränkes. Der Begriff war Mitte der 1990er Jahre Berliner ↗ Obern schon nicht mehr bekannt.

Dank einer klugen Marketingstrategie kam das Getränk im Jahre 2004 in niedlichen 0,33-l-Gebinden zum Pils-Preis wieder in den Handel, heißt aber aus unerfindlichen Gründen «Gold». Als Mädchengetränk fungieren seitdem so genannte *Alkopops*.

F

Familienplanung

Sittengeschichtlicher Paradefall für ein aus der puren Not geborenes Verlegenheitswort. Denn die damit bezeichnete Handlung hat weder etwas mit Familie zu tun, noch geht es darum, eine solche zu planen – im Gegenteil. Tatsächlich meint F. die Anwendung von Empfängnisverhütungsmitteln wie Pille oder ↗ Lümmeltüte, also eher die Familienverhinderung. Stammt aus der Zeit, in der die Aufklärungssendungen noch Bienen und Blüten bemühten und die Filme eines Oswald Kolle die Nation empörten.

Wenn die Wissenschaft schneller ist als die gesellschaftliche Entwicklung, dann hinkt auch die Sprache gelegentlich hinterher. Heute ein so selbstverständlicher Vorgang, dass derlei Verlegenheitsvokabular nicht mehr bemüht werden muss.

Feinstaub

Um das Jahr 2005 in der Medienlandschaft aufgetauchtes Bedrohungsszenario. Lag urplötzlich in der Luft, obwohl den Experten bereits seit Jahren bekannt. Laut Weltgesundheitsorganisation (WHO) handelt es sich um weniger als zehn Mikrometer kleine Partikel, die an fast allem Übel schuld sind: sinkender Lebenserwartung, Asthma, Staublunge, schlechter Laune.

Kleine Partikel, große Wirkung: Die F.-debatte bereicherte die deutsche Sprache um so schöne neue Wörter wie Rußpartikelfilter, Dieselabgasdebatte oder Luftqualitätsrahmenrichtlinie – Bandwurmwörter, die plötzlich jedes Schulkind herbeten kann. Wie kurzatmig aber das kollektive Gedächtnis bei derlei Themen ist, zeigt die artverwandte Begriffskarriere des ↗ Waldsterbens.

Festanstellung Für die Nachkriegsgeneration des 20. Jahrhunderts selbstverständliche Form der Einkommenssicherung. Damals ging man bei einer Firma in die Lehre und wurde, wenn man sich nicht allzu dumm anstellte, anschließend übernommen. Alle paar Jahre gab es eine Gehaltserhöhung, und man konnte sich ein Auto mit der jeweils neuesten Errungenschaft der Technik davon kaufen: Intervallwischeranlage, Bremskraftverstärker oder Servolenkung. Der Firma hielt man die Treue, und zum silbernen oder goldenen Betriebsjubiläum schnitt der Chef persönlich das Spanferkel an. Am Ende gab es zur Entlassung in den Ruhestand eine Urkunde im vergoldeten Rahmen «für den verdienten Mitarbeiter», danach verprasste man in tief empfundener Dankbarkeit seine Rente am Gardasee.
Heute läuft die Durchschnittskarriere nicht mehr ganz so geradlinig. Weil eine Anstellung keinesfalls eine Anstellung sein muss, erfand man neue Begriffe zur Unterscheidung: Scheinselbständigkeit, Saisonarbeit, Zeitarbeit, Leiharbeit, illegale Beschäftigung, befristete Beschäftigung, um nur weit verbreitete Formen zu nennen. Eine F. bezeichnet schlicht das, was früher einfach nur Anstellung genannt wurde. Da sie jedoch längst die Ausnahme ist, musste sie

mit dem Präfix fest versehen werden. Vgl. auch ↗ Arbeits‑
gesellschaft.

Fete Papierhütchen, Luftschlangen, Äpfel ohne Hände essen, Polonäse und Wadenabtasten: Die Ratgeberheftchen der 1970er Jahre kannten viele Rezepte, um den steifen Deutschen in Stimmung zu bringen. Bei so genannten *Bottlepartys* mussten die Gäste die Getränke selbst mitbringen, was in Deutschland vorher undenkbar war.
Tanzpaare, die einen Luftballon zwischen sich einklemmen, lustige Spiele mit verbundenen Augen, am Ende Flaschendrehen: All dies waren Lockerungsübungen, um die deutsche Geselligkeit vom Mief der Zigarrensalons, akademischen Trinkriten und vom Reglement der Karnevalsvereine weg und hin zur modernen Festkultur nach amerikanischem Vorbild zu führen.
Das Ergebnis, eine Mischung aus amerikanischer Party und deutschem Kindergeburtstag, nannte man F. Der Begriff wurde mittlerweile vom Anglizismus Party fast vollständig verdrängt. Lediglich die förmliche Variante der F. mit Sitzordnung, Tischreden und Streichquartett heißt weiterhin Fest.

Feuerstuhl Wer zu einem Motorrad Feuerstuhl oder heißer Ofen sagt, der trägt wahrscheinlich auch noch Fransenweste, Cowboyhut und Nietengürtel. Seit aber Evil Knevel nicht mehr über Schluchten und Kisten springt, ist auch das Rockerdeutsch nicht mehr straßentauglich.

Filinchen Tochter der ↗ Filine. Wachte diese über die Tugendhaftigkeit ihrer ↗ Schlafburschen, so hatte das Filinchen eine eher gegenteilige Funktion.

Filine Hauswirtin des Studenten. In Zeiten von ↗ Bummelanten kam der F. nicht selten die Funktion einer Tugendwächterin zu. Seit dem Siegeszug der Wohngemeinschaften ist die F. arbeitslos, die Moral wird seitdem selbst verwaltet – mit bekannten Folgen. Eine eher harmlose ist das Aussterben dieses schönen Begriffs.

Fisimatenten «Mach mir ja keine F.» Wer diesen Ausspruch tätigt, will einen anderen von Dummheiten, Flausen oder Faxen abhalten. In napoleonischer Zeit sollen französische Soldaten deutsche Frauenzimmer mit dem Ausruf *«Visitez ma tente»* (Besuchen Sie mein Zelt) zur Unzucht angestiftet haben. Kam die Sache heraus, so bestellte der Vorgesetzte den sündigen Soldaten mit demselben Ausruf ein, und es setzte im Zelt mindestens eine Standpauke. Diesen welschen Aufreißerspruch des ↗ Erbfeindes deutschte der Volksmund als F. ein.

Eine andere Deutung sucht die Ursprünge des Wortes *visepatentes (visae patentes literae)*. Dieses Wort stand für ein ordnungsgemäßes Patent, diente im 16. Jahrhundert zur Verspottung des schon damals als schikanös empfundenen ↗ Amtsschimmels. Da die heutige Bürokratie nicht unbedingt als Hort von Flausen bekannt ist und die Notzucht in Friedenszeiten nicht mehr auf Zelte angewiesen ist, sind auch die F. im aktiven Wortschatz nur noch wenig gebräuchlich.

flachsen

Das altmodische Verb für neckisches Scherzen bzw. das Erzählen von Humbug aller Art verdankt seine Existenz wahrscheinlich einer der ältesten Kulturpflanzen aus der Familie der Leingewächse (lateinisch *linaceae*).

Bei der Fasergewinnung zum Zwecke der Leinstoffherstellung wurde die Pflanze zunächst von Hand gerauft und nach der Röste zu ✒ Linnen weiterverarbeitet. Während dieser entfremdeten Arbeit unterhielten sich die Flachserinnen über dies und das, meist aber nichts besonders Ernsthaftes. So verwandelte sich das F. in Tratsch und Klatsch bzw. Gewäsch, was vom Waschbrett herrührt.

Das Wort F. stirbt allerdings seit der Erfindung von Polyesterfasern und Dederongeweben aus, lediglich das Spinnen hält sich hartnäckig. Und der Spinner sind da viele, egal, bei welchem Thema.

Flausen

Während der Flausch ein woll- oder schafsfellartiges Büschel bezeichnete, das auch dem von hallischen Studenten im 18. Jahrhundert getragenen Überrock seinen Namen gab, sind F. einzeln herumfliegende Wollbüschel oder lose Fadenenden.

Die saugt man heute einfach mit dem übrigens um 1900 erfundenen elektrischen Staubsauger auf. Manche aber haben noch allerlei freie Fadenenden und andere Flusen im

Kopf herumfliegen. In diesem Falle spricht man noch gelegentlich von F.

Flegel «Sie Flegel!» Wer heute derart auf eine Beleidigung oder Zudringlichkeit reagiert, ein zu forsches Knie beim Paartanz etwa, wird bestenfalls Ratlosigkeit ernten. Seit der ↗ Kavalier ausgestorben ist, weiß man auch nichts mehr vom Flegeltum. Ursprünglich leitet sich der Begriff von einem brachialen landwirtschaftlichen Gerät her, das man heute nur noch in Museen findet. Und seit der psychologischen Wende kennt man auch den vom Dichter Jean Paul etablierten Begriff Flegeljahre nicht mehr. Man nennt sie Pubertät.

Flugi Szenesprech für Flugblatt. Flugis waren das populärste Medium von der Studenten- bis zur Anti-Atomkraft-Bewegung. Anfänglich noch umständlich hektographiert, war das F. spätestens seit der Verbreitung von Kopiergeräten einfach und billig herzustellen. Unter einschlägigen Parolen quetschten sich am unteren Rand Hunderte Namen angeblicher oder tatsächlicher ↗ Sympathisanten. Seit der Untergrund nicht mehr für *Love-ins*, Institutsbesetzungen oder Freilassungen wirbt, sondern allenfalls noch zum gemeinschaftlichen Bierkonsum mit gleichzeitiger Schallplattenmusikbeschallung aufruft, hat man das Medium gewechselt und verteilt nun so genannte *Flyer*. Anfänglich wurden damit illegale oder exklusive temporäre Räume beworben, heute lässt in manchen Großstädten jeder Tresenbesitzer mehrere tausend Kärtchen drucken, die für Caipis oder Schnitzel werben. Dementsprechend gewaltige Altpapierberge türmen sich denn auch an einschlägigen Orten. Politische Pamphlete verstopfen als Kettenmails den elektronischen Briefkasten, exklusivere Partyinformationen werden per SMS versendet. Das nervt genauso, verursacht aber kein Altpapier mehr.

Fluppe Siehe ✒ Lusche

Fräulein
Die Frauenbewegung forderte ja schon früh die Einführung des Begriffs Männlein, allerdings ohne Erfolg. Stattdessen mussten sich bis in die 1970er Jahre unverheiratete Frauen als F. anreden lassen. In den 1950ern war das Wort sehr populär, was Filme wie *F. vom Amt* oder *Geliebtes F. Doktor* bewiesen, durch die mit Nylons und flotten Hüten bekleidete Fräuleins (berl.: Frolleins) stöckelten.

Während manche das Wort für charmant hielten, beklagten andere, diese Anrede bemesse den Wert einer Frau nach ihrer Tauglichkeit für den Heiratsmarkt. Sprachforscher dagegen führen das Wort auf das mittelhochdeutsche *vrouwelin* zurück, das gleichberechtigt neben dem Wort *junc herre* stand. Diese männliche Bezeichnung ging allerdings einen deutschen Sonderweg und verwandelte sich in der Neuzeit zum Junker. Unverheiratete Männer nannte man ✒ Hagestolz.

Die Genossen von der Sprachverwaltung der DDR schafften das F. schon 1951 ab, um die «Differenzierung der feudalistischen und kapitalistischen Klassengesellschaft und der damit verbundenen Vermögensrechte sowie der sozialen und moralischen Stellung der Frau auch im Bereich des Sprachlichen» zu überwinden. In der Bundesrepublik debattierte der Bundestag dagegen noch im Dezember 1954 über das Sprachproblem, laut Protokoll in «vorweihnachtlicher Stimmung». Eine einfache Mehrheit der männlichen Abgeordneten plädierte großzügig dafür, «unverheirateten weiblichen Personen» im «amtlichen Verkehr» die Anrede Frau zu gestatten. 1955 beschied ein Ministeriumserlass, Frauen ab dreißig als Frauen anzureden – sofern diese es denn wünschten. Erst 1972 aber erging ein Erlass des Bundesinnenministeriums, dass volljährige F. künftig als Frauen anzureden seien.

Erst nach der geistig-moralischen Wende der 1980er Jahre besannen sich junge Frauen wieder auf die alte Anrede und gaben sich Namen wie F. Menke («Hohe Berge», «Im Tretboot in Seenot»). Heute erscheinen nur noch vereinzelt Werke, die das F. im Titel führen, etwa der Roman des dänischen Balletttänzers Peter Høeg *F. Smillas Gespür für Schnee*. Zeitschriften, die sich an unverheiratete Frauen unter 18 richten, nennen sich lieber *Young Miss*.

Fräuleinwunder

Nach dem verlorenen Weltkrieg war es an den Frauen, mit Schaufel und Besen den Schutt wegzuräumen, zu dem der Krieg der Männer das ehemalige Deutsche Reich pulverisiert hatte. Mit Kopftuch und Kittelschürze verwandelten sich Damen in Trümmerfrauen.

Doch unter der dicken Staubschicht schwelte das Bedürfnis nach der «Eleganten Welt» (so hieß in den 1950er Jahren auch eine Frauenzeitschrift).

Ein hessischer Kleinunternehmer erkannte das Potenzial und ließ die Schönheitskonkurrenzen aus Vorkriegstagen wieder aufleben. Er entwickelte 1948 eine Schönheitsnorm, indem er 100 deutsche Frauen vermaß und in mathematischer Präzision Kriterien für angebliche Schönheit wie Unterlippenstärke, Brust-Hals-Abstand und Umfang bewertete. Der Wiesbadener fuhr von Stadt zu Stadt und veranstaltete gegen den Eintritt von vier Mark Schönheitswettbewerbe. In der sowjetischen Besatzungszone werteten die Ideologen dies als «Erniedrigung und Ausbeutung der Frau durch den Kapitalismus» und untersagten derartige Schauen. Auch im Westen fanden sie nicht nur Freunde. Das deutsche Feuilleton fragte sich ebenso besorgt wie rhetorisch, ob denn die Zukunft der deutschen Nation noch im Bonner Parlamentarischen Rat oder auf den ↗ Frischfleischparaden entschieden werde.

Die Misswahl von 1950 gewann in Baden-Baden das ↗ Fräulein Susanne Erichsen. Bei ihrer Wahl verließen mehrere Punktrichter aus Protest den Saal, weil die Berlinerin bereits einmal verheiratet und damit nach Ansicht der Herren weder Miss noch Fräulein war – obwohl ihre Ehe bereits notariell annulliert war und sie mit 436 gegen 211 Stimmen klar gewann. «Miss Germany» ging auf Welttournee und 1952 in die Vereinigten Staaten von Amerika, wo sie dann als ↗ Mannequin arbeitete. Die amerikanische Presse reagierte überrascht auf die Deutsche, die weder nach Walküre noch nach gebeugter Trümmerfrau aussah, und prägte für diesen Sieg über Nationalklischees den Begriff des deutschen F.

Die Siegerin der Konkurrenz von 1952 verkörperte nicht nur in ihren Maßen, sondern auch in ihrer Biographie diesen Bruch: Ihr Vater war an der Front gefallen, ihre Mutter bei einem Bombenangriff ums Leben gekommen. Renate Hoy schlug sich als Servierfräulein durch, bis sie schließlich als Mannequin in einem Münchner Modeatelier ihre Traumkarriere als Fräulein Deutschland machte.

Heute allerdings ist diese Episode vergessen. Das Wort F. tauchte erst Ende der 1990er Jahre im Literaturbetrieb wieder auf, wo er leicht herablassend für eine Welle von dünnen Romanen meist junger Frauen verwendet wurde, deren Bücher im Zuge der ✒ Popliteratur erschienen. Heute gibt es auch einer Plattenfirma den Namen.

Frischfleischparade Abwertend für Schönheitskonkurrenz. Den Begriff prägten Kulturkritiker deutscher Feuilletons in der Nachkriegszeit. Die Menschenschau wird unter den Anglizismen Miss-Wahl und Wet-T-Shirt-Contest noch immer gewinnbringend in Großraumdiskotheken praktiziert. Vgl. auch ✒ Fräuleinwunder.

fürbass Siehe ✒ bass

Fußgasaffe Verächtlicher Ausdruck, mit dem halbstarke Motorradfahrer einen Autofahrer schmähten. Die Umkehrung zu Handgasaffe war dagegen nicht gebräuchlich. Vgl. auch ↗ Bürgerkäfig.

G

Gabelfrühstück Geräucherte Makrelen, gebratener Kapaun (vgl. ✐ Hahnrei), dazu ein Gläschen Portwein: Hans Castorp wusste auch am Morgen zu speisen. Der Neudeutsche geht stattdessen zum Brunch, ein Wort, das so klingt, als würde man eine Portion Müsli auf den Teller klatschen. Entsprechend sieht das Büffet meist auch aus: Getreideflocken, schwitzender Schnittkäse in Zellophanpackung und Marmeladenkleckse im Aluminiumdöschen. Zwischen Frühstücken und Brunchen klafft der gleiche Abgrund wie zwischen Kultur und Zivilisation.

Gänsefleisch Deutsch-deutsche Redewendung aus dem kleinen Grenzverkehr. Wer als Tourist oder stolzer Besitzer eines Reisevisums die DDR verließ, fürchtete dieses Wort wie der Teufel das Weihwasser. «Gönn-Se-fleischt den Gofferraum öfmöchen?», fragten die deutsch-demokratischen Grenzposten in sächsischem Idiom. Der Ortsfremde verstand nur G., verzog aber besser keine Miene. Andernfalls drohte vom Ausbau der Rückbank bis zur Zerlegung des Wagens in seine Einzelteile ein ganzes Arsenal von Disziplinarmaßnahmen wegen Respektlosigkeit gegen die Sprache Walter Ulbrichts (1893–1973).
Heute ist diese Episode längst vergessen und das G. aus dem kleinen Grenzverkehr wieder dahin zurückgekehrt,

wo es hingehört: auf den Tisch als Jahresendbraten. Mit Rotkohl und Klößen.

Gamaschen

Überschuh ohne Sohle aus Leder oder Gummi, der mit einer Schlaufe unter der Schuhsohle befestigt und eng um den Knöchel geknöpft wird. Als Straßenpflaster noch wenig verbreitet war und man seine Abfälle in die Gosse kippte, unvermeidliches Attribut des ⟶ Kavaliers. Überlebte bei diesem Typus bis in die Tage des Kintopps, etwa in Filmen mit Fred Astaire.
Heutzutage gilt es als ärmlich, sein Schuhwerk vor Nässe und Schmutz zu schützen. Man latscht die Sohlen durch und kauft sich dann ein neues Paar. Wer heute noch G. trägt, ist wahrscheinlich ein ⟶ Stutzer.

Gardinen, schwedische

«Hinter s. G.». Bezeichnet in der Knackisprache einen Gefängnisaufenthalt. Entstand während der Besetzung Pommerns durch die Schweden nach dem Dreißigjährigen Krieg. Manche führen das Wort auch auf die gute Qualität des Schwedenstahls zurück, aus dem lange Zeit Gefängnisgitter geschmiedet wurden. Vgl. auch ⟶ Kittchen.

Gatte

(Femininum: Gattin) Altmodisch für Ehemann. Im Zuge steigender Scheidungsraten ist die Ehe keinesfalls mehr eine lebenslange Verbindung. Darum spricht man korrekt von Lebensabschnittsgefährten (LAG).

gaucken «Schon gegauckt?» Eine bange, aber dringliche Frage in der Nachwendezeit. Das Verb verdankt seinen griffigen Namen dem Chef einer Behörde, dessen Name unaussprechlich lang ist: Bundesbeauftragter für die Unterlagen des Staatssicherheitsdienstes der ehemaligen DDR. Bald schon nach dem ihr vorstehenden Rostocker Pfarrer Joachim Gauck kurz Gauck-Behörde genannt.

Nach dessen Verabschiedung im Jahre 2000 übernahm die Bürgerrechtlerin Marianne Birthler eine Reihe von Aktenordnern, die aneinander gelegt wahrscheinlich die Länge der deutsch-deutschen Grenze ergeben. Obwohl sich das Verb birthlern noch nicht eingebürgert hat, ist eines der deutschesten Verben seitdem akut vom Verblassen bedroht.

Geck Gleichbedeutend mit einem eitlen ↗ Stutzer.

geil Im Jahre 1986 erschien unter dem Titel *G.* eine Single, die es auf Anhieb zum Hit brachte. Im Video zu dem Gröler hüpften die Interpreten Bruce & Bongo im Urmenschenkostüm herum und zeigten damit den Deutschen, auf welchem Sprachniveau sie diese veranschlagten. Denen machte das nichts aus, sie fanden es vermutlich g. Es folgten noch die «G. Bruce & Bongo Dub»-Version und der «G.-omatmix». Als «New York Horny Mix» ging das ursprünglich deutsche Wort sogar um die Welt. Die Melodie war zu weiten Teilen dem Hit «Rock me Amadeus» entnommen, der Text ebenso simpel: «Everybody's geil, g-g-g-g-geil.»

Hinter dem Pseudonym verbargen sich die Briten Bruce Hammond und Douglas Wilgrove, die seit 1978 in Deutschland lebten und denen man im Nachhinein bescheinigen muss, vom Vokuhila bis zum idiotischsten deutschen Wort seiner Zeit den Geist der 1980er Jahre auf den Punkt gebracht zu haben wie kaum jemand anders.

Die Begriffskarriere des Wortes war in der Tat erstaunlich. Noch im Althochdeutschen für übermütig oder überheblich verwendet, war es im Mittelhochdeutschen durchweg positiv konnotiert und stand für üppig, froh oder lustig. Da man auch die senkrecht stehenden jungen Zweige von Bäumen als g. bezeichnete (geile Triebe), geriet das Wort im 15. Jahrhundert in Verruf und wurde vorwiegend für sexuelle Erregung benutzt. Erst die Jugendsprache der 1970er und 1980er Jahre, damals noch ums «Schocken» bemüht, eignete sich das Wort als Steigerungsform für gut an, und g. löste so vorherige Adjektive wie ↗ dufte oder ↗ knorke ab.

Im Ostdeutschen als ultimative Steigerungsform gerne kombiniert mit ↗ urst. Im beginnenden 21. Jahrhundert entdeckten die Werbetexter der Ramsch- und Mediamärkte das Wort und schrieben es auf Plakate. Berühmt wurde die Formulierung «Geiz ist g.», die man als treffendes Motto konjunkturschwacher Zeiten auch auf das Zwei-Euro-Stück prägen könnte. Die Jugendsprache hat das Wort längst ausgemustert und durch neue Wörter ersetzt.

Geilomat   Kein Gerät mit Münzeinwurf, sondern ein ehemals zeitgeistiger Ausdruck der Jugendsprache. Vgl. auch ↗ geil.

Gimpel Früher ehrverletzend. Da die wenigsten modernen Menschen jemals einen G. in natura gesehen haben, weiß kaum jemand mehr, dass er ein aufgeplusterter Freibrüter mit schwarzer Kappe und weißer Binde ist, der an einen ↗ Stutzer erinnert.

Goldhähnchen Siehe ↗ Broiler

Grilletta Von manchen Errungenschaften der kapitalistischen Ernährung blieb auch die DDR nicht verschont. Nur dass man die von den texanischen Hackfleischimperien geprägten Begriffe lieber vermied. So wurde das im kapitalistischen Ausland als Hamburger bekannte Hacksteak zwischen zwei pappigen Brötchenhälften kurzerhand G. getauft. Vielleicht auch, weil sozialistische Nahrungsmittel nicht nach westdeutschen Patrizierstädten benannt werden durften.

Gummitwist So harmlos waren einmal die Kinderspiele: Man spannte einen Gummi aus Mutters Nähkästchen zwischen zwei Paar Füße und sprang dann möglichst kunstvolle Figuren, wobei der Gummi an den Fußgelenken so kleben blieb, wie ein Schweizer Käsefondue Fäden zieht. Mit dem namengebenden Tanz aus den 1960er Jahren nur entfernt verwandt. Ob der G. bereits als computeranimierte Echtzeitsimulation mit Multiplayermodus zum Download zur Verfügung steht, ist nicht bekannt. Falls nicht, dürfte dem endgültigen Aussterben dieser einstmals von Generation zu Generation weitervererbten Schulhofsportart nichts mehr im Wege stehen.

Gummikuh

Vom Motorradjournalisten und Testfahrer Ernst «Kleck» Leverkus geprägte Bezeichnung für bestimmte Motorräder der Bayerischen Motorenwerke mit Boxermotor. Deren Kardanwelle sorgte für ein charakteristisches Wackeln der stehenden Maschinen, auch hob sich das Heck beim Gasgeben fahrwerksbedingt an.
Da Kühe sich auf die gleiche Weise erheben, nämlich mit dem Allerwertesten zuerst, prägte Leverkus den Begriff der G. Wer «Gummi gab», der hatte einen ↗ Affenzahn drauf.
Heute sind die G. nur noch Oldtimerliebhabern ein Begriff, auch fällt der Vorsatz Gummi zunehmend weg, und Boxermaschinen werden dort schlicht Kühe genannt – wenn überhaupt.

Gutdünken

«Nach meinem G.». Eine Redewendung aus dem Wachsfigurenkabinett gespreizter Formulierungen. Früher üblich für Vermutung. Menschen, die nur nach G. handeln, ist heute ebenso wenig zu trauen wie früher. Wahrscheinlich nehmen sie auch Schnupftabak und sagen Droschke, wenn sie ein Taxi meinen.

Gutmensch Das von Kurt Scheel 1991 geschöpfte Wort wurde erstmals im Januar 92 im *Merkur* gedruckt und bezeichnet eine vorwiegend in Deutschland anzutreffende Gattung von Inhabern einer politisch-moralischen Einstellung, die so grundgütig war, dass sie zu ständigem Mahner- und Warnertum führte. Das Gutmenschentum rekrutierte sich aus Studenten, die sich noch mit der historisch-kritischen Gesamtausgabe von Karl Marx abgeschleppt hatten, und politischen Autodidakten, die aus den Tee- und Wärmestuben der Bürgerinitiativen hinaus in die Öffentlichkeit strebten.

Gutmenschen standen stets auf der Seite der Unterdrückten und Verfolgten, obwohl es ihnen selbst meist prima ging. Typisch war, dass man mit den Minderheiten, deren Interessen man selbstverständlich vertrat, nicht persönlich bekannt war, geschweige denn danach fragte, ob sie eigentlich vertreten werden wollten. Heute erkennt man Gutmenschen daran, dass sie das Gutmenschentum mit derselben Vehemenz ablehnen, wie sie es früher vertraten – vermutlich weil sie es nicht ertragen können, dass andere ebenso reine Ziele verfolgen könnten wie sie selbst. So geht ein weiteres Kollektivphänomen an sich selbst zugrunde.

H

Hagestolz   Das Brockhaus-Konversationslexikon von 1908 kennt ihn als einen «Mann, welcher aus eigenem Willen über die Jugendjahre hinaus unverheiratet bleibt, obschon er nicht durch körperliches oder bürgerliches Unvermögen gehindert ist, eine Ehe zu schließen». Im Gegensatz zur alten ↗ Jungfer, der das Klischee einer vom Leben benachteiligten und deshalb tragischen Figur anhing, schwang im Wort H. die Freiwilligkeit des gewählten Lebensstils mit.
Das Wort lieh einer Erzählung des Dichters Adalbert Stifter (1805–1868) den Titel. Der Volkskundlerin Katrin Baumgarten zufolge stammt das Wort vom mittelalterlichen Hagestolzenrecht ab, das den Verwalter eines Fronhofes bezeichnete. Starb dieser, so fiel bis ins frühe 18. Jahrhundert sein Besitz dem jeweiligen Landesherrn zu.
Mit solchen Diskriminierungen ist endgültig Schluss: Wer unverheiratet bleibt, wird nicht länger als der Einbeinige unter den Paarhufern betrachtet, sondern erhält den geschlechtsneutralen Ehrentitel Single. Dieses Modewort wurde bereits in den 1970er Jahren eingedeutscht. Heute lässt sich der Single von der im Ehestand befindlichen Minderheit der Gesellschaft beneiden und in lustigen Sitcoms feiern. Für betagte männliche Singles gibt es keine spezifische deutsche Bezeichnung mehr.

Hahnrei

Wenn ein Ehemann von seiner Frau betrogen wurde (zum Beispiel mit dem ↗ Milchmann), so war das schon schlimm genug. Die grausamen Zeitgenossen verspotteten ihn seit dem Hochmittelalter aber obendrein noch als H., ein Wort, das eigentlich für einen kastrierten Hahn verwendet wird (auch Kapaun genannt) und daher wenig schmeichelhaft ist. Hähne kastrierte man in ihrer zwölften Lebenswoche, um ihren Geschmack zu verbessern. Bei dieser Gelegenheit beschnitt man auch Kamm und Bartlappen. Es gab den Brauch, dem kastrierten Hahn die Sporen in den Kamm zu setzen, wo diese angeblich zu basiliskenhaften Hörnern wuchsen.

«Jemandem die Hörner aufsetzen», bedeutet daher so viel wie denselben kastrieren. Ein H. ist ebenso wie seine Schwester, die Poularde, zwar ein fettes und wohlschmeckendes Tier. Allerdings lebt es zwangszölibatär bzw. asexuell und ist in Hahnenkämpfen seinen zeugungsfähigen Artgenossen unterlegen. Der H. gilt auch als der Countertenor auf dem Misthaufen, weil er mit einer Kastratenstimme kräht.

In Deutschland gilt der operative Eingriff daher als Tierquälerei. Kapaune kommen meist aus Italien oder Frankreich, wo etwa der *chapon de bresse* als Delikatesse gilt, und landen nur noch selten auf deutschen Tellern – und das Wort H. kommt ebenso selten über deutsche Lippen. Vgl. auch ↗ Broiler und ↗ Suppenhuhn.

halbstark In den 1950er Jahren wurden die Halbstarken durch einen gleichnamigen Film mit Horst Buchholz und Karin Baal berühmt. Als h. galten sowohl ✒ Backfische als auch ✒ Pomadenhengste, in jedem Fall aber Jugendliche, die sich durch ihre Kleidung freiwillig uniformierten, laute ✒ Hotmusik hörten und auf ✒ Feuerstühlen oder ✒ Babybrummen durch die Straßen patrouillierten.

Entstanden ist der Begriff bereits um die Jahrhundertwende. In dem deutschtümelnden Roman des Hamburger Richters Hermann Popert *Helmut Harringa* tauchen sie bereits 1905 als «junge Kerle mit schmierigen Mützen über fahlen Gesichtern» auf. Der Pastor Clemens Schultz beschreibt 1912 in seiner Schrift *Die Halbstarken* die «verkommene männliche Großstadtjugend».

In den 1950er Jahren erlebte das Wort eine Renaissance, als es zu so genannten Randalen kam. Meist geschah dabei relativ wenig: Ein paar Stühle wurden in einem Kinosaal umgeworfen, Mofafahrer missachteten die Verkehrsregeln oder verwehrten einem ✒ Philister in seinem heckflossenbewehrten Straßenkreuzer die Weiterfahrt, wobei schon mal ein Rückspiegel abbrechen konnte. Sodann schritt die Gendarmerie ein, es flogen ein paar Flaschen, und die Öffentlichkeit der Wirtschaftswunderjahre war empört.

Mehr aber als über die vergleichsweise harmlosen Missetaten ereiferte man sich über das Auftreten der Halbwüchsigen, die mit ✒ Nietenhosen und Pomade im Haar aussahen wie die amerikanischen Besatzer. Findige Geschäftsleute erkannten das marktwirtschaftliche Potenzial der amerikanisierten Jugendmode, erfanden flugs den Teenager und verkauften ihm Transistorradios, Motorroller, Elvis-Hosen,

Schallplatten und *Bravo*-Hefte. Seitdem wiederholt sich dieser Vorgang unter wechselnden Namen alle paar Jahre, nur dass die Halbstarken dann Rocker, Punks, ↗ Popper, Slacker, Skater oder HipHopper heißen.

Haubitze

Grobes Geschütz zum Verschießen von Granaten und Kartätschen. Ein frühes Verwendungsbeispiel datiert bereits aus den Hussitenkriegen. Der Name der H. leitet sich von dem böhmischen Wort haufnitz (Steinschleuder) her, was wohl auf die Treffsicherheit anspielte. Da die H. auf dem langen Weg von der Erfindung des Faustkeils über die Tretmine bis hin zum Laserschwert militärgeschichtlich nur eine Episode geblieben ist, geriet diese Wortbedeutung in Vergessenheit.

Im Volksmund lebte die H. bis heute in einer Redewendung fort: «Voll wie eine H.» Wer derart geladen ist, der hat nicht etwa Schießpulver, sondern wahrscheinlich einige Humpen Wein, Bier oder auch Schnaps intus und wankt demzufolge wenig treffsicher, aber gefährlich durch die Gassen.

Seit die deutsche Umgangssprache zur entmilitarisierten Zone erklärt wurde, ein zunehmend unübliches Wort. Zumal selbst von der männlichen Bevölkerung nur noch eine Minderheit mit dem Arsenal kriegerischer Begriffe in Berührung kommt. Vgl. auch ↗ Kreiswehrersatzamt.

Hausgemeinschaftsleiter

Kurz HGL genannt, fungierte er in der DDR als realsozialistischer Blockwart. Einige ehemalige H. gehen ihrem Dienst an der Allgemeinheit bis heute nach und weisen die Mieter freundlich darauf hin, dass Fahrräder nicht in den Hof gehören und Radios abzustellen sind. Der H. durchwühlt auch den Hausmüll der Mieter, um diese dann mit dem ihm eigenen Nachdruck auf Sortierungsfehler hinzuweisen.

Der Typus H., der mit dem Sofakissen auf der Fensterbank auf der Lauer liegt, stirbt allmählich aus und wird durch Überwachungskameras ersetzt. Manche atmen auf, aber eine alte Prophezeiung sagt: Erst wenn der letzte H. gestorben und das letzte Kissen weg ist, dann werdet ihr merken, dass man sich mit Kameras nicht lautstark streiten kann.

Hausierer Von Tür zu Tür ziehender Händler, der in vergangenen Zeiten vom Bindfaden bis zur Zahnbürste so ziemlich alles vertickte. Noch im ausgehenden 20. Jahrhundert mussten Schulkinder romantisch verklärende Lieder über das angeblich lustige Zigeunerleben des fahrenden Volkes lernen. Darunter auch das Lied vom Scherenschleifer: «Und schlaf ich auch auf Heu und Stroh/ist keiner doch wie ich so froh.» Scherenschleifer hat man lange nicht mehr gesehen. Was sollten sie in Zeiten, in denen die meisten Schneidewerkzeuge offenbar aus wieder verwendetem Dosenblech gepresst werden, auch schleifen?

Die lange Zeit üblichen Schilder «Hausieren verboten» sind fast überall der Aufschrift «Keine Werbung» gewichen. Wenn der H. als Wort auch kaum noch benutzt wird, so ist sein Gewerbe keinesfalls ausgestorben. Nur dass die Drückerkolonnen, die einen morgens aus dem Schlaf klingeln, statt nützlicher Haushaltsgeräte nun Knebelverträge für Mobilfunkdienste und angeblich farbigen Strom feilbieten. Zur romantischen Verklärung ist diese moderne Landplage kaum geeignet.

Hechtsuppe Ähnlich ungenießbares Gericht wie ✒ Bandsalat. Wenn der Wind durch alle Ritzen pfiff, stöhnte man früher: «Es zieht wie H.» Mit dem auch als Wasserwolf bekannten Standfisch *(Esox lucius L.)* hat das nur wenig zu tun. Vielmehr stammt die H. aus dem Jiddischen, wo «Hech Soppa» in etwa «wie starker Wind» bedeutet. Leider ist Jiddisch aus bekannten Gründen fast vollständig ausgestorben.
Und in geschlossenen Räumen leiden wir seit Erfindung des Thermofensters weniger an übermäßigem Zug als vielmehr an mangelnder Frischluftzufuhr. Um Schimmelbildung zu vermeiden, wird deshalb Stoßlüftung empfohlen – und tolle Hechte werden auch immer seltener. Aber das hat in diesem Zusammenhang hier nichts verloren.

Heißsporn Wer mit heißen Sporen (Sporn) unterwegs war, galt seit 1800 als ausgesprochener Draufgänger, den man besser zügelte. Die Reitersprache hat allerdings seit Erfindung des Automobils abgesattelt, weswegen der H. allmählich in Vergessenheit gerät. Vgl. auch ✒ sporn⁄streichs und ✒ Stegreif.

Hennenabtaster Siehe ⚔ Schürzenjäger

Heuschreckenfirma Nicht, dass Heuschrecken jetzt auch industriell hergestellt würden. Die 20 000 bekannten rezenten Arten vermehren sich wie eh und je durch herkömmliche Begattungsmethoden. Das Wort H. tauchte vielmehr im Frühjahr des Jahres 2005 auf der politischen Agenda auf. Der damalige SPD-Chef ließ die so genannte Heuschreckenliste mit internationalen Finanzgesellschaften erstellen, denen die Sozialdemokraten vorwarfen, kleinere Unternehmen aufzukaufen, nur um sie gewinnbringend wieder abzustoßen. Ein plastisches Bild, dass die Weltwirtschaft als abgenagte, von Schwärmen gieriger Insekten verwüstete Landschaft suggeriert.

Kaum war das geradezu biblische Bild von der Plage aufgetaucht, begannen die ersten Kritiker zu zirpen. Ein vielstimmiger Chor, der sich zu einer schrillen Kakophonie steigerte. Derlei Kapitalismuskritik sei altbacken, überzogen, ja erinnere an dunkle deutsche Vergangenheit. Wer künftig noch einmal die Metapher von der H. bemüht, wird es sich vorher dreimal überlegen – vermutlich wird das Wort schnell wieder in der Versenkung verschwinden.

Der Biologe Cord Riechelmann etwa wandte sich ohnehin gegen die Metapher. Tatsächlich sei die Heuschrecke ein vom Aussterben bedrohtes Tier. Die Feldgrille *(Gryllus campestris)* beispielsweise, das erste Vollinsekt des Jahres, falle als Grasfresser immer häufiger den modernen Landwirtschaftsmethoden zum Opfer, ebenso die Feldheuschrecke *(Chortippus apricarius)* und das Große Grüne Heupferd

(Tettigonia viridissima). Jenes bis zu drei Zentimeter lange Insekt aus der Familie der Nachtzirper überlebt zwar bereits in Großstädten, fresse aber mittlerweile nicht nur Grünzeug, sondern auch andere Kleininsekten. Noch bis ins 19. Jahrhundert hinein war es vor allem die Wanderheuschrecke, die auch in Mitteleuropa in ihrer Schwarmphase ganze Landstriche verwüstete. Von solchen Landplagen hört man in unseren Breiten nur noch selten, und es steht zu befürchten, dass eines Tages nicht nur eine politische Metapher von geradezu volkstümlicher Bildhaftigkeit, sondern auch das wohl lauteste Insekt in unserem Breitengrad ausgestorben sein wird.

Hochzeitsnacht Wichtigste Nacht im Leben des Mannes und häufig, so fanden Gender-Forscherinnen heraus, schlimmste Nacht im Leben der Frau. So war es jedenfalls früher. Spätestens seit Alfred C. Kinsey und Oswald Kolle ist auch dieses letzte Übergangsritual aus der deutschen Stammesgeschichte entmystifiziert. Geheiratet wird, wenn überhaupt, dann, weil die Steuern eine magische Grenze überschritten haben. Das bedeutet für Millionen Deutsche niemals (vgl. ✐ Vollbeschäftigung), der Rest tut es erst nach auf rund vier Jahrzehnte ausgedehnte Pubertät.

hoffärtig «Er kündigt durch seinen Anstand, seinen Gang, seine Gebärden und Bewegungen, seine Art zu reden und zu handeln die hohe Meinung an, die er von sich hat, und prahlt laut mit seinen Vorzügen; zu seinem charakteristischen Kennzeichen gehört wirklich das Aufblähen, das Aufblasen der Backen.» Diese anschauliche Beschreibung stammt aus dem 19. Jahrhundert (Deutsche Synonymik von 1852) und hat an Aktualität nichts verloren, man muss nur das Fernsehgerät einschalten.

Die nämliche Veranlagung nannte man früher Hoffart (ursprünglich: hochfährtig, zusammengesetzt aus Hoch und Fahrt). Das Wort bezeichnete denjenigen, der durch Aufwand, Pracht und Gepränge sich als jemand inszenieren möchte, der er gar nicht ist, d.h. über seinen tatsächlichen Rang hinwegtäuschen möchte. Derlei neureiche Angewohnheiten sind heute so selbstverständlich geworden, dass das schöne alte Wort dafür nicht mehr bemüht wird.

hold Nicht nur die Jungfrau, auch der König kann seinem Lehensmann h. sein (abgeleitet von halden: zugeneigt). Bezeichnet gleichermaßen das Gewogensein wie auch die Versammlung positiv konnotierter Eigenschaften, zum Beispiel Tugendhaftigkeit, Anmut, Sanftheit, Liebenswürdigkeit, in ein und derselben Person. Von daher ist es kein Wort, das sich in unserer Ellenbogengesellschaft ziemt, vergleichbar mit einem Vers von Walther von der Vogelweide auf einem Heavy-Metal-Konzert. Wer sich gänzlich lächerlich machen möchte, kann freilich seine Liebesbriefe so beginnen: «O holde Schöne, tugendhafteste aller Jungfrauen ...» Die Huld der Angebeteten wird ihm jedoch nur in Ausnahmefällen zuteil sein.

Holzgliedermaßstab Auch sprachlich wurde im Sozialismus mit anderem Maß gemessen als in der alten Bundesrepublik. Das Wort H. beschreibt zwar präzise, worum es geht, ist aber ein typischer Wendeverlierer. Weil im Kapitalismus alles schnell gehen muss, nennt man das Messwerkzeug kurzerhand wieder Zollstock. Obwohl längst kein H. mehr in Zoll oder ↗ Elle misst.

Hotmusik Heiße Rhythmen, flotte Bienen: Vokabel aus dem Denglisch der Teenagersprache von der Mitte des 20. Jahrhunderts. Taugte als Feindbild bereits für die anglophoben Tanzvorschriften der Nazis: H. galt als undeutsch. Ebenso schwer tat sich die bundesrepublikanische Nachkriegsgesellschaft mit dem enthemmten Jazzgedudel eines Bully Buhlan oder Teddy Staufer, von deren hüftschwingenden Nachfolgern aus dem amerikanischen Südwesten ganz zu schweigen. Der Modetanz Twist wurde 1961 als Paradebeispiel für H. etwa als Sexualtrauma diskreditiert.

Ein Politikum wurde die H. 1965 beim XI. Plenum des Zentralkomitees der Sozialistischen Einheitspartei Deutschlands (SED). Der Genosse Walter Ulbricht wetterte dort in einer holprigen, aber folgenschweren Rede: «Es geht darum, dass der Einfluss der amerikanischen Lebensweise der amerikanischen Unkultur, des Lebensstils aus Texas, den man versucht zu importieren (...) Nützt die Verseuchung der Bevölkerung oder der Jugend oder nützt das sozialistischer Weiterentwicklung? Das ist eine einfache Frage.» Die einfache Antwort war bereits impliziert – und die Hot-

musik wurde fortan mal mehr und mal weniger erfolgreich unterdrückt.
Heute schallt sie zwar aus jedem Rundfunkempfänger, wird jedoch nicht mehr so genannt. Man spricht verallgemeinernd von Popmusik. Und die klingt oft kalt.

Humbug

Altmodischer Begriff für nicht sinnhafte Inhalte aller Art und ohne Zusammenhang, also Quatsch im engeren Sinne und Nonsens im Allgemeinen. Etymologen konnten den H. bis ins England des 19. Jahrhunderts zurückverfolgen, die genaue Herkunft des Wortes jedoch bleibt im Dunkeln. Seine Zukunft ebenso.

Hundsfott

Bezeichnete ursprünglich das Geschlechtsteil einer Hündin, wurde jedoch auch in wenig freundlicher Absicht für Zeitgenossen verwendet, wie die Lektüre der an solchen Grobianismen überreichen Lebensgeschichte der Josefine Mutzenbacher (1906) lehrt.
Laut *Deutschem Rechtswörterbuch* erstmalig 1496 im Stadtrecht von Brugg aufgetaucht, versah man in der frühen Neuzeit gerne feige Menschen mit diesem Fachbegriff aus der Tierwelt. In Adelungs *Wörterbuch der hochdeutschen Mundart* erwarb es 1755 den zweifelhaften Ruf eines «sehr niedrigen Schimpfwortes, welches für die höchste wörtliche Beschimpfung gehalten wird».
Heute gibt es da noch höher stehende Beschimpfungen, und das Wort H. erklingt nur noch selten.

Hupfdohle

Die Internetseite www.assoziationsblaster.de liefert hierzu die folgende fragwürdige Erklärung: «ein Mädchen, auf das Männer beim Sport Rücksicht nehmen müssen». Tatsächlich aber nannte man so noch bis Mitte des 20. Jahrhunderts die Damen vom Ballett. Heute kommt allenfalls der Anglizismus *girlie* dem inzwischen verschwundenen Wort nahe. Girlie-Literatur verkauft sich, vor allem in Hochglanzzeitschriften, eine Hupfdohlen-Literatur ist dagegen nicht bekannt.

I

Imponderabilien
Konkretes Gelehrtendeutsch für eine unkonkrete Gemengelage. Das Wort stammt aus dem 18. Jahrhundert und geht auf die ausgestorbene Gewichtseinheit Pfund (lateinisch *pondus*) zurück. Nach Abschaffung des Pfundes lassen sich die I. am ehesten mit Unwägbarkeiten übersetzen – ebenfalls ein bereits angestaubtes Wort.

indigniert
Wer i. ist, der echauffiert sich wahrscheinlich bald auch. Mit anderen Worten: Er ist mindestens unwillig, vielleicht sogar entrüstet. Partizip Perfekt des altmodischen Verbs indignieren (lateinisch *indignari*, sich entrüsten), das nicht mehr im Gebrauch ist.
Heutzutage ist man nicht mehr indigniert, sondern auf königliche Weise *not amused* oder auf Neudeutsch schlichtweg angepisst.

Industriegesellschaft
Siehe ⌐ Arbeitsgesellschaft

Influenza
Früher eine ansteckende Krankheit, die unweigerlich zum Tode führte. Die I.-Epidemie zwischen

1918 und 1920 kostete zwanzig bis fünfzig Millionen Menschen das Leben, die so genannte Hong-Kong-I. forderte 1969 noch eine Million Tote.

Das Wort war im 18. Jahrhundert aus dem italienischen Sprachraum eingewandert, wo es Einfluss bedeutete. Im Mittelalter erklärte man sich Krankheiten mit dem Einfluss der Gestirne auf den Menschen – ein Aberglaube, der heute wieder als Astrologie wohlauf ist.

Heute weiß man, dass die I. durch ein RNA-Virus aus der Familie der Orthomyxoviren übertragen wird, und nennt sie daher verallgemeinernd Grippe. Man sollte sich dagegen impfen lassen.

in petto Die im 18. Jahrhundert dem Italienischen entlehnte Formulierung bedeutet wörtlich «in der Brust» (lateinisch *pectus*).

Frühere Zeitgenossen meinten damit so viel wie beabsichtigen oder planen. Heute wird sie nur noch selten in der Redewendung «etwas i. p. haben» benutzt. Wer was i. p. hat, der hat noch was im Vorrat bzw. in der Hinterhand, vielleicht führt er auch etwas im Schilde. Manchmal nichts Gutes.

intim werden «Waren Sie mit ihm/ihr intim?» Eine Frage, die nur noch Richter oder Fernsehkommissare stellen. Alle anderen benutzen weit eindeutigere Begriffe. Man weiß, welche.

Isegrim Obwohl das seit dem zehnten Jahrhundert bekannte Wort, das sich aus Eisen und Grimasse zusammensetzt, eigentlich einen Eisenhelm bezeichnet, diente es als Bezeichnung für einen Wolf.

Leider ist es gemeinsam mit diesem in unseren Breiten ausgestorben. Lediglich der Wortbestandteil Grimm hat überlebt. Er wurde im 18. Jahrhundert vom Wolf auf den Menschen übertragen und lebt im Adjektiv grimmig fort.

J

Jahresendflügelfigur Baumelte zur Weihnachtszeit vom Tannenbaum oder stand handgeschnitzt auf hölzernen Krippen-Ensembles zwischen Adorf und Zwickau. Weil aber herkömmliche Wörter wie Engel oder Christkind einen religiösen Bezug aufwiesen, stand auf den Pappschachteln der DDR diese offizielle und weltanschaulich neutrale Bezeichnung. Von dort führte schon zu Zeiten des Eisernen ✐ Vorhangs kein Weg in die realsozialistische Umgangssprache. Heute gilt die J. als geflügelter Treppenwitz der Zeitgeschichte.

Jahrhundertflut Man soll mit Superlativen stets vorsichtig sein. Als im Jahr 2002 nach heftigen Regenfällen in Alpen und Elbsandsteingebirge die Elbe über die Ufer trat und ganze Landstriche um Bad Schandau und Pirna unter Wasser setzte, gerieten die Wortschöpfer in kreative Ekstase: Die herbeieilenden Helfer wurden im allgemeinen Trend zur Generationsbildung kurzerhand zur «Sandsackgeneration» erklärt, weil – analog zum so genannten Grabenerlebnis von 1914 – nun angeblich «zusammen schwitzt, was zusammen gehört»: nämlich ✐ Zonis und ✐ Wessis.

Im Vergleich zu dem als Tsunami bekannt gewordenen Seebeben vom 26. Dezember 2004 im Indischen Ozean mit mutmaßlich 225 000 Todesopfern schrumpfte die nationale «Abwehrschlacht» (Presse) gegen die schmutzigen Elbfluten wieder auf das Maß einer Provinzkatastrophe zurück. Bei dem Wort J. wird seitdem kaum jemand mehr an die elbischen Sandsäcke denken.

Jahrtausendmacke

Wenn es einen Seismographen für gefühlte Hysterie gäbe, dann wäre er im Jahre 1999 vermutlich explodiert. Kurz vor Ende des Jahrtausends ließ man noch einmal alle Vernunft fahren, um das technische Zeitalter mit einem Blödsinn bislang ungekannten Ausmaßes zu verabschieden. Völlig unbegründet waren die Ängste jedoch nicht, denn die Konstrukteure der Rechenmaschinen, ohne die vom Liebesbrief bis zum Atomkraftwerk heutzutage ja nichts mehr geht, hatten in ihrer Gegenwartsgläubigkeit eine Stelle in der Datumsanzeige vergessen: die für das Jahrtausend. Was aber würde passieren, wenn alle Uhren plötzlich auf null springen?
Um die J., besser bekannt als Milleniumbug oder auch Y2K-Bug (= Year 2 Kilo), zu verhindern, gab allein Deutschland nach Expertenschätzungen rund 150 Milliarden Euro aus. In den USA verschickten die Sozialversicherungen im Jahr 1999 Tausende Briefe, die das Auslaufen ihrer Leistungen zum 1.1.1990 androhten. Die Deutsche Bahn kündigte an, alle 500 Züge zu Silvester kurz vor Mitternacht zu stoppen, um Massenentgleisungen vorzubeugen. Verbraucherzentralen gaben Ratschläge, um zu verhindern, dass alle Alarmanlagen mit Datumchip auf einmal losschrillten. Sicherheitsexperten beruhigten die Bevölkerung mit der zu-

versichtlichen Einschätzung, dass die Gefahr eines «Atomkrieges aus Versehen so gut wie ausgeschlossen» sei.

Skeptiker allerdings befürchteten, namentlich die russischen Frühwarnsysteme könnten in der Silvesternacht «verrückt spielen». Mit anderen Worten: Alle Zeichen deuteten darauf hin, dass es ein Silvesterfeuerwerk geben würde, wie es die Welt noch nicht erlebt hatte – und danach mangels Fortbestehen wohl auch nicht mehr erleben würde.

Um null Uhr, null Minuten und null Sekunden geschah dann: null. Selbst der ominöse Millenniumvirus, der alle Rechner zugleich zum Absturz bringen sollte, stellte sich Schlag zwölf als grober Unfug heraus.

Zu Beginn des Jahrtausends ging es der Welt nach ihrem prognostizierten Untergang genauso gut oder schlecht wie vorher. Über den vorangegangenen Aktionismus herrschte plötzlich peinliches Schweigen, besonders laut schwiegen diejenigen Mahner und Warner, die sich zuvor mit drastischen Prognosen ins Gespräch gebracht hatten. Die J., retrospektiv auch als Synonym für globale Massenhysterie zu betrachten, geriet eilig in Vergessenheit. Die Chancen stehen gut, dass man von ihr so bald nichts mehr hören wird – jedenfalls bis zum Jahr 2999.

Jungfer, alte

In Estland gibt es das Sprichwort: «Die a. J. dient in der Hölle dem Teufel als Schürhaken.» Was damit gemeint sein soll, wissen allein die Esten, doch auch hierzulande begleiten das Klischee der komischen Alten nur wenige vorteilhafte Eigenschaften. So wurde die J. als geringschätzige Bezeichnung für eine allein stehende, betagte Frau verwendet.

In Zeiten der Methusalemisierung der Single-Gesellschaft hat sich das Klischee ganz von selbst abgeschafft, ebenso das männliche Pendant ↗ Hagestolz. Zur Fortpflanzungsproblematik der J. schrieb übrigens Wilhelm Busch:

> Selig sind die Auserwählten,
> Die sich liebten und vermählten;
> Denn sie tragen hübsche Früchte.
> Und so wuchert die Geschichte
> Sichtbarlich von Ort zu Ort.
> Doch die braven Junggesellen,
> Jungfern ohne Ehestellen,
> Welche ohne Leibeserben
> So als Blattgewächse sterben,
> Pflanzen sich durch Knollen fort.

Junggeselle

Bezeichnete einen Mann, der in einer Bude wohnte, sich von Spiegeleiern mit angebrannten Bratkartoffeln ernährte und an verschiedenfarbigen Socken und einem Soßenklecks auf der schief gebundenen Krawatte zu erkennen war. Im Alter wurde aus dem Junggesellen ein «eingefleischter» J. bzw. ein ↗ Hagestolz.

Das Wort J. selbst stammt aus der Handwerkersprache des Mittelalters und bezeichnete dort den geringsten Rang unter den Gesellen. Seit dem 16. Jahrhundert wird es für den unverheirateten Mann verwendet, später auch unabhängig vom Lebensalter. Gustave Flaubert (1821–1880) schrieb in seinem *Wörterbuch der Gemeinplätze* über den *célibataire*: «J. sind egoistisch, ausschweifend, schlafen mit ihren Dienstmädchen.» Er empfahl: «Gegen sie wettern. Man sollte ihnen Steuern abverlangen.»

In unseren geburtenschwachen Jahren wird der J. auch unter der Spottbezeichnung «bevölkerungspolitischer Blindgänger» verunglimpft. Seit Erfindung von Tiefkühlkost und vollautomatischer Waschmaschine ist der J. vom Ehemann äußerlich nicht mehr zu unterscheiden und gehört als Angehöriger der wachsenden Gruppe so genannter Singles ohnehin zur Majorität in den Großstädten. Oder wie es in einem Kneipenlied von 1861 heißt:

> Keine Frau befiehlt ihm was,
> Hindert ihn durch dies und das
> Und er sorgt für sich allein,
> Schön ist's Junggeselle sein! (...)
> Harmlos lebt er so dahin
> Und versimpelt seinen Sinn;
> Manchmal ist er auch ein Schwein,
> Schön ist's Junggeselle sein!

Junggesellenfrühstück

Selbst in Zeiten der Single-Gesellschaft noch ein Problem. Schon Hannes W. A. Schoeller sorgte sich in seinem *Junggesellenkochbuch* von 1967: «Gewiss, manchem Springinsfeld schmeckt die ungebundene Freiheit des Junggesellendaseins im Augenblick recht gut – aber wird es so bleiben, wenn der junge Mann sich die Hörner abgestoßen hat? Männliche und weibliche

Junggesellen haben eine unerfreuliche Seite ihres ungebundenen Daseins, und das ist die Ernährungsfrage.»
Zum Glück findet sich an gleicher Stelle ein Rezept aus nahrhaften Zutaten, die selbst in schlampig geführten Einpersonenhaushalten jederzeit auffindbar sein dürften: Für «Besoffene Ritter» weicht man altbackene (!) Weißbrotscheiben in Rotwein ein, wendet sie in verquirltem Ei und Semmelbröseln und brät sie dann von beiden Seiten in Bratfett goldgelb. Zimt und Zucker nicht vergessen!
Seit es Tiefkühlkost, Mikrowelle und Pizzaservice gibt und Kochen längst auch Männersache ist, kann jedoch selbst der unbeweibte Springinsfeld essen wie ein Mensch. Von unbegrenzter Haltbarkeit ist das von Gustave Flaubert notierte Rezept für ein J.: Austern, Weißwein und schlüpfrige Bemerkungen. Bon appétit!

Jutebeutel Aus dem Stengelbast der zweikeimblättrigen Jutepflanze *(Corchorus capsularis)* gesponnenes Tragbehältnis. Der J. kommt meist in erdigen Naturfarben daher und zeigt nach häufiger Anwendung ein buntes Muster aus Rotwein- und anderen Flecken. Relikt aus einer Zeit, in der man alles genau sehen wollte: die Körner im Brot und die Maserung im Holz. Grob gewebte Stoffe galten damals als Alternative zu glänzenden Oberflächen aus Kunststoff wie zum Beispiel Sprelacart.
Gilt seit dem Aufstieg der Modefaser Hanf selbst in Ökokreisen als Ladenhüter. Vermutlich auch, weil sich Jute schlecht rauchen lässt.

K

Kaltmamsell

Sie richtete Häppchen, schnitzte aus Gurken und Radieschen kleine Kunstwerke und füllte Schinkenröllchen mit Eiertunke (neudeutsch: Mayonnaise). Als noch ↗ Käseigel und Schweinskopfsülze auf eine anständige kalte Platte gehörten, war die K. zuständig für das Anrichten der Buffets.

Auch wenn in Stellenanzeigen gelegentlich noch nach einer K. gesucht wird, wird der Job neuerdings hochtrabend unter *Catering* oder, schlimmer noch: *Event-Catering* subsumiert. Aber ein Häppchen bleibt ein Häppchen, auch wenn es aus rohem Fisch und Seetang gerollt wird. Und K. ist ein viel zu schönes Wort, als dass man es aussterben lassen dürfte.

Kandelaber

Lateinisch *candelabrum*. Meist mehrarmiges Utensil, das schon in der Antike mit Öl, im Mittelalter dann mit Wachs seinen jahrtausendelangen Dienst als Leuchtmittel tat.

Das Wort hat nur in der Schweiz überlebt, wo man Straßenlaternen noch immer als K. bezeichnet. Im restlichen deutschen Sprachraum gelten selbst mehrarmige K. seit Verbreitung der Elektrizität als wenig erhellend, nur noch verspätete Romantiker schätzen das flackernde Zwielicht. Modernisten schimpfen sie Armleuchter.

Käseigel Auch als Cocktail- oder Partyigel bekannt, war der K. in unseren Breiten zwischen den 50er und 60er Jahren des 20. Jahrhunderts heimisch. Sein kugelförmiger Körper glich einer mit Alufolie verkleideten Melone, die Stacheln zeigten auffallende Ähnlichkeit mit bunten Zahnstochern bzw. Partyspießen. Tatsächlich fand man auf ihnen meist Weintrauben, Tomatenschnitze, Schwarzbrotscheiben und jene Käsehäppchen, denen der K. seinen Namen verdankt. Er war auf den bunt geblümten Tischdecken von Buffets heimisch, zwischen Irish-Coffee-Gläsern, Bowleschalen und dick bestrichenen Crackern.

Als aber Anfang der 1980er Jahre im Zuge der leiblich-geschmacklichen Wende liebliche Weine, hawaiianische Toasts, bunte Partysalate und mit Schlagsahne und Wackelpudding gefüllte ↗ Konfettibecher ausstarben, um bitterer ↗ Rauke, trockenen Weinen und faden Mozarellahäppchen zu weichen, verlor der Käseigel seinen natürlichen Lebensraum. Seitdem steht er auf der Liste der bedrohten Tierarten.

Doch schöne Worte allein werden auch dieses possierliche, scheue Tierchen nicht retten: Zeit zum Handeln.

Kaiserwetter Ein preußisch blauer Himmel, in dem die Sonne golden wie der Reichsapfel blitzt, sodass die gezwirbelten und gewichsten Bartspitzen vor Freude zittern: K.! Derlei Vokabular aus wilhelminischer Vorzeit hielt sich noch bis in die 1950er Jahre, als das ganze Tätärä und Tschingderassassa der Pickelhauben und ↗ Haubitzen in strahlendem Technicolor über die Kinoleinwände rasselten.

Im Zuge der Abrüstung in deutschen Wörterbüchern und spätestens seit der Auflösung Preußens ist das K. das Paradebeispiel eines gestrigen Begriffs. Scheint die Sonne, so denkt man heute an Mallorca und Last-Minute-Urlaub und nicht mehr an des Kaisers kesse Kürassiere.

Wer nicht gerade Burschenschaftler, Neo-Borusse oder Langemarck-Veteran ist, sollte das K. daher schleunigst aus seinem aktiven Wortschatz abdanken lassen. Es hat einen noch längeren Bart als der selige Kaiser Wilhelm selbst. Möge er in Frieden ruhen.

Kanzelschwalbe Laut dem einschlägigen Standardwerk, dem großen Pfeiffer (Herbert Pfeiffer: *Das große Schimpfwörterbuch. Über 10 000 Schimpf-, Spott- und Neckwörter zur Bezeichnung von Personen*, München 1996), eine übliche Bezeichnung für eine besonders eifrige Kirchgängerin. Gehört längst zu den bedrohten Vogelarten.

Karnickelpass Nicht etwa eine Ausweispflicht für Langohren. Vielmehr diente diese Bescheinigung kinderreichen Familien zur Gewährung von Ermäßigungen bei Bahnfahrten. Umgangssprachlich vom Volksmund auch Würmeling genannt.

Letztere Bezeichnung wurde oftmals als Synonym für das minderjährige Mitglied einer Großfamilie missverstanden, tatsächlich jedoch leitete sich dieses bedrohte Wort vom Namen des unter Adenauer berufenen Bundesministers für Familienfragen Franz-Josef Wuermeling (1900–1986) ab. Der Vater von fünf Kindern hatte den öffentlichen Verkauf von Kondomen verboten und den als K. bekannt gewordenen Berechtigungsschein eingeführt. Zwischen 1955 und 1992 fuhren Kinder, die mehr als drei Geschwister hatten, mit dem Lichtbildausweis für die Hälfte des Fahrpreises.

Ob das Aussterben dieser Errungenschaft eine Folge der Umstrukturierungen bei der inzwischen privatisierten Bahn ist, sie dem allgemeinen Sozialabbau zum Opfer fiel oder der Bedarf seit Verbreitung der Pille schlicht entfiel, ist noch nicht erforscht. Vgl. auch ↗ Familienplanung.

Karteileiche Jemand, der nur auf dem Papier vorhanden, tatsächlich aber nicht mehr anwesend ist: zum Beispiel im Verein oder an der Universität. Der Jesuitenpater Johannes Leppich (1915–1992, genannt «das Maschinengewehr Gottes») prägte das Wort und bezeichnete damit ein Mitglied der Kirche, das dem Gemeindeleben fernblieb, aber Kirchensteuern zahlte, um dereinst ein christliches Begräbnis zu erhalten.

In Zeiten von Computerisierung und papierlosen Büros hat das Wort ausgedient und wird vermutlich bald in Dateileiche umgewandelt. Die Mitgliedskarteien frisst derweil der Reißwolf.

Kaschmirkanzler Früher krempelten Politiker bei Fototerminen gerne die Ärmel hoch, der K. dagegen knöpfte sich die Manschetten zu. Eigentlich wollte er die bislang eher kleinkarierte deutsche Politik (↗ Adenauerhut und ↗ Schmidtmütze) auf Haute-Couture-Niveau bringen. Doch die Modeltätigkeit des Bundeskanzlers Gerhard Schröder, der sich zu Beginn seiner Amtszeit von einem Lifestyle-Magazin in teurem Zwirn ablichten ließ, brachte ihm den Vorwurf ein, er sei das erste deutsche ↗ Mannequin, das im Nebenberuf als Politiker arbeite – während die von ihm Regierten zunehmend in billiger Ballonseide herumlaufen mussten. Es dürfte der vorerst letzte Auftritt eines Politikers auf dem Laufsteg gewesen sein, und keiner hofft auf das Aussterben des Wortes K. so sehr wie der damit Bezeichnete selbst.

Kassengestell Schwarzes Plastik, dünner Draht und eine durchschnittlich beliebte Form: Wer eine Brille mit K. trug, lief mit Dutzendgesicht durch die Welt. Politiker nutzten das von der Krankenkasse bezahlte Brillengestell gerne, um Volksnähe zu signalisieren.
So führte Henry Kissinger die klassische zweifarbige Opa-Brille aufs internationale Parkett, und Helmut Kohl gewann Wahlen mit seinem amodischen Pilotengestell. Die Gesundheitsreform bedroht nun die deutsche Sprache mit dem Verlust einer charakteristischen Vokabel. Da die Kassen schon lange keine Brillen mehr bezahlen, gehört das K. ins Museum des Sozialstaates. Nachfolgewörter stehen allerdings schon parat. Brille? Fielmann!

Kassenschlager Wenn die Kinokassen klingeln, will heute niemand mehr von einem Schlager sprechen. Vielleicht, weil er ein allmählich aussterbendes Genre der Populärmusik ist, das unwillkürlich Assoziationen an schwarzbraune Haselnüsse, griechischen Wein und vor Capri ertränkte Sonnen weckt. Der Neudeutsche sagt schlicht *Blockbuster*.

Katschi Siehe ↗ Zwille

Katzenmusik Mit allerlei Instrumenten vorgetragener Höllenlärm zum Zwecke der Missfallensbekundung. In früheren Jahrhunderten machten Studenten so unter den Schlafzimmerfenstern der Professoren ihrem Unmut Luft. Heute füllen sie einen Evaluationsbogen aus – und bleiben meist ungehört.

Kaufhalle Eine ↗ urst moderne Einrichtung, die das Gemischtwarenreich des traditionellen Tante-Emma-Ladens verdrängte. In der K. wurden Waren des täglichen Bedarfs (WtB) wie ↗ Holzgliedermaßstäbe oder ↗ Jahresendflügelfiguren feilgeboten. Letztere galten allerdings auch im Sozialismus als Saisonware. Eine Neuerung, die der Zeitgeist als Verbesserung empfand, war die Abschaffung des Fachpersonals zugunsten des libertären Prinzips der Selbstbedienung.
Das Wort stammt aus der DDR, wo die Kaufhallen der HO

(Handelsorganisation) angehörten. Man fand sie meist in Großstädten, auf dem Dorf ging man in den Konsum. Seit dem Fall der Mauer nennt man die Kaufhallen euphemistisch Supermärkte oder Kaufhäuser. Aber auch diese Wörter sind bedroht, weil zunehmend in überdachten *Malls* und voll verglasten Centern *geshoppt* wird.

Kavalier   Aus dem Französischen (*chevalier*) bzw. Italienischen (*cavaliere*) eingedeutschtes Wort für einen Ritter, also einen berittenen Krieger. Die Ritter starben mit der Erfindung des Schießpulvers aus, der K. aber überlebte.
Seit dem Barock nennt man so einen mit höfischen Tugenden ausgestatteten Mann, der sich höflich gegenüber Damen verhält. Noch im 20. Jahrhundert tanzten Rosenkavaliere und Lackschuhträger mit ↗ Chapeau claque, ↗ Schniepel und weißem Seidenschal durch die Populärkultur, wirkten jedoch bereits leicht versnobt bzw. ↗ stutzerhaft.
Spätestens seit der Emanzipation wird der Typus des Frauenbeschützers ersetzt durch den des Frauenverstehers. Kavaliere sind eine altmodische Gattung, die unter Artenschutz gestellt gehört, bevor sie ganz ausstirbt.

Ketwurst   Nahezu weltweit ist eine Bockwurst zwischen Brötchenhälften unter der englischen Bezeichnung für heißer Hund bekannt, die DDR ging allerdings auch hier einen sprachlichen Sonderweg. Vielleicht klang Hotdog zu sehr nach ↗ Hotmusik, wahrscheinlich aber wurde nur ein deutsches Wort gesucht. Die K. wurde im Unterschied zum Hotdog meist ohne Gurke serviert. Sie kommt aus einem heißen Wasserbad, wird in Ketchup getunkt und in ein Brötchen gesteckt, das mit einem Metallzylinder zuvor tunnelartig durchbohrt und erwärmt wurde.

Der Name K. ist ein aus den Wörtern Ketchup und Wurst zusammengebastelter Begriff. Er soll ebenso wie die ↗ Grilletta von Fachkräften des HO-Gaststättenbetriebes Fernsehturm im Jahre 1977 erfunden worden sein, um die Besuchermassen effektiv zu sättigen. Die Erfinder der K. erhielten dafür 1979 auf der 3. Bereichsmesse der Meister von morgen die «Anerkennung für ausgezeichnete Leistungen für das Exponat Versorgungslösung K.». Heute ist die K. ein armes Würstchen unter den Wörtern, denn obwohl sie noch gelegentlich unter diesem Namen angeboten wird, führen die Befürworter des Hotdogs einen gnadenlosen (und wahrscheinlich bald siegreichen) Verdrängungswettbewerb.

Kittchen

Verniedlichender Begriff für Gefängnis. Heute meidet man Ausdrücke wie K., Knast, sitzen oder hinter schwedischen Gardinen und spricht stattdessen politisch korrekt von Resozialisierungsanstalt oder Wiedereingliederungsaufenthalt.

Klammerbeutel

Wer mit demselben gepudert wurde, der hat auch nicht alle Bücher im Regal. Die Redewendung «mit dem K. gepudert» unterstellt seit Anfang des 20. Jahrhunderts einen geistigen Defekt, der auf eine unsachgemäße Verwendung eines Beutels voller Wäscheklammern zurückzuführen ist.

Heutzutage kommt die Wäsche tragfertig aus dem Trockner: blütenfrisch und strahlend weiß. K. und Puderdose werden nur noch selten verwechselt. Vgl. auch ↗ Jutebeutel.

Klitsch   Jemandem einen K. anhängen: Mit einer teigartigen, klebrigen Masse, beispielsweise Brotteig, nach jemandem werfen. Ergebnis ist (auch in übertragenem Sinne) die Beschmutzung der Reinheit des Getroffenen. Oder, wie es in einem Gassenhauer heißt: «Wer schmeißt denn da mit Lehm?/Der sollte sich was schäm'./Der könnte ja was andres nehm',/ als ausgerechnet Lehm.»

Phonetisch auch mit dem Klatsch verwandt, einem Geräusch, das sowohl durch Anwurf mit klebrigem Unrat als auch durch Schnalzen mit der Zunge entsteht. Hält heute eine ganze Journaille von Klatschreportern und Kolumnisten der so genannten Klatschpresse in Lohn und Brot, die sich jedoch lieber auf gut Neudeutsch *Yellowpress* nennt. Die Übergänge zu den traditionellen Medien sind fließend geworden. Vom K. sprechen allenfalls noch traditionsbewusste Maurer, wenn sie eine Hand voll Kalk gegen die Wand werfen.

kneippen   Kalte Güsse, Wassertreten, Taulaufen und allerlei Wickel erfand der Pfarrer Sebastian Kneipp (1821–1897). Sein Evangelium formulierte der Ratgeberautor *(So sollt ihr leben, Meine Wasserkur)* so: «Die Mittel, welche das

natürliche Heilverfahren beansprucht, beruhen in Licht, Luft, Wasser, Diät, Ruhe und Bewegung in ihren verschiedenen Anwendungsformen, Dinge, die, wenn sie normal vorhanden, den gesunden Organismus gesund erhalten und wieder gesund machen können.»
Seitdem spricht von k., wer unangenehme Dinge mit kaltem Wasser tut. Der Duden von 1880 versteht unter kneipen hingegen ein anderes Naturheilverfahren: In die Kneipe gehen und einen heben. Mittlerweile sagt man weder das eine, noch das andere: Wer früher kneippte, betreibt heute Wellness. Und wer in die Kneipe geht, hat dafür gar kein Verb mehr übrig. Vgl. auch ⚡ Kurschatten, ⚡ picheln.

knorke   Berlinisch für ⚡ dufte.

Körperkulturistik   Mit Gewichten und Kraftübungen betriebene ⚡ Leibesübungen zum Zwecke des Muskelaufbaus. In der DDR war die K. der offizielle Sprachgebrauch, ein Österreicher aber ist daran schuld, dass diese Disziplin auch im deutschsprachigen Raum nur noch *Bodybuilding* heißt. Folgerichtig wurde er Gouverneur von Muscle Beach im amerikanischen Staat Kalifornien.

kommod   «Nur der, der lebt, lebt angenehm.» (François Villon) Früher aber sagte man dazu k. Das Adjektiv aus dem 18. Jahrhundert geht auf das französische *commode* zurück, dieses wiederum auf das lateinische *commodus*.

Heute noch in Österreich üblich, wo man k. zu parlieren versteht, in Deutschland hält sich ein ähnliches Wort für ein Möbelstück. Doch auch an diesem frisst bereits der Wurm des Vergessens.

Konferenz Bezeichnung für eine geschäftliche Besprechung von Mitarbeitern eines Betriebes. Heute allenfalls in altmodischen Zeitungsredaktionen üblich. Sollte sich dieser Begriff aus dem vergangenen Jahrhundert noch in Ihrem Wortschatz befinden, so raten wir dringend zur Entrümpelung beim nächsten Frühjahrsputz. Wer Karriere machen will, trifft sich zum *Meeting, Briefing* oder *Brainstorming*.

Konfettibecher Fand sich gegen Mitte des 20. Jahrhunderts in fast allen Partyratgebern. Man nehme zwei Sorten Wackelpudding (rot und grün) und rühre beide gemäß Packungsbeilage an, schlage in einem Rührbecher Milch, Quark und viel Zucker und mische diese Masse mit flüssiger Zitronengötterspeise. Nach Erkalten greife man zum Löffel und fülle ein Cocktailglas abwechselnd mit allen drei Mischungen bis zum Rand. Obendrauf kommt eine ausgewachsene Portion Schlagsahne.

Das zuckersüße, glibberig-bunte Ergebnis sticht nicht nur schmerzhaft ins Auge, sondern auch ins heutige Geschmacksempfinden. Deshalb ist es ebenso vom Aussterben bedroht wie der ↗ Käseigel.

Kopfpauschale   Im Jahre 1872 erließ der US Surpreme Court ein Gesetz, das so genannten Bounty Hunters (Kopfgeldjägern) erlaubte, Kautionsflüchtige zu verfolgen, aufzuspüren, festzunehmen und dem nächsten Sheriff zu übergeben. Das Eindringen in fremde Wohnungen war zu diesem Zwecke ausdrücklich gestattet. Der Kopfgeldjäger, wie man ihn aus Fernsehserien wie *Ein Colt für alle Fälle* kennt, beruht auf diesem bis heute gültigen Gesetz und ist seitdem eine reale Figur in den USA.

Wenn aber deutsche Politiker im Zusammenhang mit einer Gesundheitsreform ein Wort reanimieren, das in den Wilden Westen gehört, so ist das keine besonders gute Idee, weil es ein bezeichnendes Licht auf das Menschenbild gewisser Politiker wirft. Es wäre deshalb zu hoffen, dass die K. hierzulande schnellstmöglich aufgespürt und dingfest gemacht wird. Besser tot als lebendig.

Kratzfuß   Eine reine Formsache: drastischer Ausfallschritt in Verbindung mit einem ↗ Bückling. Ebenso verschwunden wie dieser.

Krautstampfer   Ursprünglich: Küchengerät von ungelenker Form, das der Herstellung von Sauerkraut diente. In übertragenem Sinne auch (abwertend) für ungewöhnlich kräftig geformte Beine. Seit Erfindung der Konservendose nur noch in traditionsbewussten Haushalten in Gebrauch.

Krawallbrause Antialkoholikerjargon für ein früher auch als Gerstensaft bekanntes deutsches Nationalgetränk. Vgl. auch ✒ Exportbier.

Kreiswehrersatzamt «Stellen Sie sich vor, Sie gehen mit Ihrer Frau und Ihren zehn Kindern in einer schwach beleuchteten mitteldeutschen Grünanlage spazieren. Plötzlich brechen fünf kambodschanische Freischärler aus dem Unterholz und drohen mit Zerstückelung und Sodomie. Sie haben zufällig ein paar Mörsergranaten in der Jackentasche. Was tun Sie?»
Das waren noch Zeiten, als die korrekte Antwort lautete: «Ich zitiere aus der Bergpredigt und bekehre die Aggressoren mit sachlichen Argumenten zu Vernunft und Humanismus.» Derlei schöne Rituale sind leider abgeschafft, und auch die Wehrpflicht geht demnächst in den Orkus – eine der schönsten deutschen Wortschöpfungen wird dann leider auch ausgemustert. Noch sind allerdings 81 Kreiswehrersatzämter mit dem Einziehen von Wehrpflichtigen beauftragt.

Kunde In Ostdeutschland in der Sprache der Jugend für Kumpel bzw. ✒ dufte Type. Anwendungsbeispiel: «Ahoi, du ✒ urster K.!» Ursprünglich allerdings die Eigenbezeichnung der ✒ Landstreicher. In der K.-bewegung der Jahrhundertwende mit Berufung auf das Brauchtum fahrender Scholaren im Zuge der Reformbewegung zeitweise zum alternativen Lebensstil erkoren.

Heute gänzlich unüblich und allenfalls noch im Warenverkehr gebräuchlich. Dort sagt man Konsument. Vgl. auch ⚔ Ware.

Kurpfuscher Vgl. ⚔ Afterarzt

Kurschatten Der eigentliche Grund, warum die Bundesdeutschen so gerne zum Wassertreten und Luftwandeln fuhren, waren nicht irgendwelche Wehwehchen. Es war vielmehr der K. Wer in Bad Gastein oder Bad Salzuflen rostiges Wasser trank und salzige Luft atmete, der brauchte auch einen K., also einen für die Dauer der Genesungsmaßnahme beschränkten Ersatz für den daheim gebliebenen Gatten. Matschige Schlammpackungen, lauwarme Thermalbäder und gastroenterologische Therapien ließen sich anders kaum ertragen als mit einem fürsorglichen Leidensgenossen an der Seite.
Dadurch entstanden auf Kassenkosten allerlei Paarungen zwischen den gepflegten Rosenrabatten der englischen Gärten. So war die Kur für viele ein kleiner bezahlter Urlaub von der Ehe. Wahrscheinlich waren die Ehen der Nachkriegszeit deswegen auch so beständig. Heute hat das Wort seine Berechtigung verloren, weil die Krankenkassen die Kur quasi abgeschafft haben. Und von einem *wellness shadow* hat man zum Glück noch nichts gehört.

L

Ladenhüter Oberbegriff für ✒ Waren, die in der Gunst der Kunden eher unten stehen und daher länger in den ✒ Kaufhallen verweilen. Früher verstaubten sie dann in den Regalen. Heute trifft man L. in den Geschäften nur noch selten an, weil die turbokapitalistischen Sortimenter in ihren Auslagen nur noch Bestseller dulden (Vgl. ✒ Verkaufsschlager). So haben immer weniger L. die Chance auf eine Karriere als *Longseller*.

Was nicht gleich weggeht wie geschnitten Brot, droht stehen zu bleiben wie sauer Bier. Die L. werden deshalb aus den Regalen gefegt und schnellstmöglich auf der Resterampe verramscht, denn Platz ist in den zu *Shopping Malls* gedrängten Läden eine knappe und teure Ressource. Insbesondere der Buchhandel kann davon ein Lied singen, welches im Feuilleton auch regelmäßig in der Tonlage eines Requiems angestimmt wird. Zu dieser Melodie wird das Wort zu Grabe getragen.

Ladenschwengel Ein junger Spund, meist Gehilfe, Geselle oder Lehrling in einem Ladengeschäft, auch ✒ Stift genannt. Ein Schwengel ist eigentlich ein langer, herabhängender Körper, etwa der Klöppel einer Glocke, um ein vergleichsweise harmloses Beispiel zu geben. In dem Wort schwingt etwas Abwertendes mit.

Lämmerhüpfen   Laut Prof. Dr. R. Krons leider vergriffenem Standardwerk *Alltagsdeutsch. Ein kleines Handbuch der geläufigeren familiären und Slang-Ausdrücke in der zwanglosen Umgangssprache mit erläuternden Beispielen* von 1916 eine Tanzgesellschaft von ✒ Backfischen ohne Herren. Damals, als der Tanz in erster Linie der Vermählung bzw. dem Ergattern einer guten Partie diente, eine fatale Gesellschaft. In der Freizeitgesellschaft, die den Tanz als ein zweckfreies Vergnügen unter vielen begreift, nicht weiter schlimm und in den meisten ✒ Diskotheken ohnehin eher die Regel – mal abgesehen von Punkrockkonzerten. Ein ähnlich griffiges, modernes Wort, das das ausgestorbene L. ersetzen würde, ist nicht bekannt.

Laffe   Ursprünglich herablassend gebrauchtes Wort für einen, der «mit herabhängender Lippe bzw. offenem Mund gafft». Die wenig schmeichelhafte Bezeichnung lässt sich bis ins 15. Jahrhundert zurückverfolgen. In anderer Wortbedeutung für die Schaufel des Löffels (Stiel und Laffe).

Landstreicher   Auch bekannt als ✒ Kunde, Treber oder Berber. Das Bündel geschultert, den Schlapphut im Nacken und bereit zum Plattereißen (Quartiermachen) im Heuschober. Jahrhundertelang war der L. ein bekannter und geduldeter Geselle auf Dorfplätzen und Alleen, der im Volkslied besungen und in Reimen bedichtet wurde: «Und schlaf ich auch auf Heu und Stroh, ist keiner doch wie ich so froh.» Wie froh das Leben auf der Straße tatsächlich war, ist nicht mehr zu ermitteln.

Die massenhafte Verbreitung des unsteten Standes in den Städten hat den Mangel in den Vordergrund gestellt, und so spricht man inzwischen korrekt von Obdach- bzw. Wohnungslosen.

Larifari Kindersprachliches Wort für das Papperlapapp vergangener Zeiten, das sich aus den italienischen Tonleiterstufen la, re, fa, re herleitet. Bezeichnete einstmals belangloses Geschwätz, als dieses noch nicht zum Standard der Fernsehkommunikation erhoben war. Nicht zu verwechseln mit ↗ Charivari.

Latüchte Umgangssprachlich für Lampe oder Laterne, auch Funzel genannt. Da man auf dem Heimweg heute selbst in dunklen Gegenden weder Öllaterne noch Degen braucht, ein Slangausdruck früherer Zeiten, den trotz seines ganz hübschen Klangs niemand ernsthaft vermissen dürfte.

Laufpass Um 1800 stellte man den aus dem Militärdienst entlassenen Soldaten einen so genannten L. aus, mit dem sie dann möglichst weit wegliefen. In unserer Zeit wird der L. noch gelegentlich für die Trennung einer Liebesbeziehung verwendet (den L. geben). Zunehmend wird er jedoch von Modeverben wie exen (von Exfreund oder -freundin) oder abschlampen verdrängt.

Laufsteg   Wer in London, Paris und Mailand mitreden möchte – und wer will das nicht? –, vermeidet so altmodische Vokabeln wie ↗ Mannequin oder Laufsteg. Die Bretter, auf denen Models die neuesten Errungenschaften zur Schau stellen, werden stattdessen *Catwalk* genannt.

Leibesübungen   So stand es noch im 20. Jahrhundert in deutschen Lehrplänen, ein Wort wie mit der Reitgerte auf den Sandplatz gepeitscht. L. erinnern an den vaterländischen Turnvater und die Volksertüchtigung. Generationen von Schülern wurden unter diesem Oberbegriff von wettergegerbten Nachfahren Friedrich Ludwig Jahns (1778–1852) in Rhönrädern gefoltert und über den Barren gejagt, mussten Bälle werfen wie Handgranaten und mit den Knien kreisen, dass jedem modernen Sportmediziner vor Schreck sofort die Bänder reißen würden.
Inzwischen nennt man das martialische Treiben denn auch englisch *Sport* und versteht in erster Linie ein populäres Ballspiel darunter, die Mädchen müssen *Gymnastik* machen, was wahrscheinlich schon *Aerobic*, *Powerstepping* oder sonst wie heißt. Das alte Wort L. ziert nur noch die Sportseite der *Tageszeitung* (taz). Die ist schon seit ihrer Gründung vom Aussterben bedroht, hält sich aber wacker und bekommt daher keinen Eintrag in diesem Lexikon.

Leitkultur Politischer Volltreffer, mitten ins Schwarzbraune: Im Herbst des Jahres 2000 kreierte der Fraktionsvorsitzende der Christdemokratischen Partei Deutschlands, Friedrich Merz, einen Begriff, der es auf Anhieb zum Unwort des Jahres brachte. In Zeiten des Vormerz war die L. noch als Nährboden für Bakterienkulturen bekannt, nun sollte sie als Richtlinie für die Integration herhalten.

In Deutschland lebende ✧ **Ausländer** sollten sich Merz zufolge einer freiheitlich-demokratischen deutschen L. unterordnen. Damit sei auch die Idee des ✧ **Multikulti** am Ende. Nach Protesten, besonders aus dem Ausland, wo sich etliche an die Germanisierungspolitik der Nationalsozialisten erinnert fühlten, ging die CDU vorsichtig auf Distanz zu dem unscharfen Begriff. Diesen schreiben Rassismusforscher übrigens dem Göttinger Politikwissenschaftler Bassam Tibi zu, der bereits 1996 von einer «europäischen Leitkultur» sprach. Merz fuhr als Sprachschöpfer damit gegen die Leitplanke, seitdem ist von dem Unwort nicht mehr viel zu hören.

Lichtspielhaus Altmodischer Begriff für Filmtheater oder Kino aus der Zeit der ✧ **Programmkinos**.

Linnen Altmodische Bezeichnung für das aus dem ✧ **Flachs** gesponnene Leinengewebe. Schon Odysseus schlummerte auf Polstern und L., während die Vögel ermatteten. In der Prosa des 20. Jahrhunderts verlangte das

Wort nach dem Adjektiv reinlich, gerne auch in Verbindung mit arm: arm, aber reinlich.

Typische Requisite aus dem Gretchenkomplex der deutschen Literatur, die von Goethe bis Courths-Mahler für Unschuld und Anständigkeit steht. Darf nicht befleckt werden. Gehörte auch unbedingt in die ✐ Aussteuer.

Lorbass Im Ruhrgebiet gebräuchliche Bezeichnung für einen Lümmel, in Preußen auch für einen groben, ungeschlachten Kerl verwendet. Gab einer Dortmunder Kulturkneipe ihren Namen.

Lorke «So ne L.», schimpfte der Berliner, wenn der Kaffee in der Tasse zu dünn war. Heute gießt man das Ganze in ein Glas, sagt Latte Macchiato dazu und verkauft die verquirlte Schaumbrühe für 2,80 Euro. Siehe auch ✐ Blümchenkaffee und ✐ Muckefuck.

Lotterbube Einer, der windiges Gewäsch von sich gibt, sich herumtreibt und in einem Atemzug mit Kesselflickern, Possenmachern, Spitzbuben und Banditen genannt werden darf. Schon Martin Luther (1483–1546) schimpfte beim Verkünden seiner Lehre auf die Lotterbuben und wählte die Vokabel in dem von ihm übersetzten, weltbekannten Buch. Bei der Beschreibung der Reden des Apostels Paulus in Athen sprachen demnach die Athener: «Was will dieser L. sagen?»

Heute zur Eskalation in verbal ausgetragenen Konflikten nur wenig praxistauglich.

Luder

Das Wort kann auf eine erstaunliche Begriffskarriere in den 1990er Jahren zurückblicken, als die Gazetten plötzlich einen neuen Typus Frau entdeckten, der mit Hilfe unkonventioneller Methoden die Aufmerksamkeit prominenter Personen sucht. Neben dem von Autorennen allseits bekannten Boxenluder gab es das Puddingluder (eine Berlinerin, die sich in einem Einkaufszentrum in einer mit Schokoladenpudding gefüllten Badewanne suhlte), das Teppichluder (wollte in einem Teppichgeschäft mit einem Musiker ↗ intim geworden sein) und das Botschaftsluder (schlich sich angeblich nachts im Evakostüm auf das Gelände der Schweizer Botschaft), um nur einige zu nennen. Es steht zu befürchten, dass es sich damit noch lange nicht ausgeludert hat. Die ursprüngliche Wortbedeutung ging allerdings dabei verloren. Eigentlich ist L. ein waidmännischer Begriff für das Lockmittel beim Fallenstellen, zum Beispiel ein toter Hase in einem Fangeisen. Ähnlich gebärden sich die menschlichen L. zwar auch, denn wer in ihre Falle tappt – etwa der Schweizer Botschafter –, gerät oftmals ins Zappeln. Im Unterschied zum L. nennt der Jäger das lebende Lockmittel aber Köder.

Lümmeltüte

Anzügliches Verlegenheitsdeutsch für Präservativ bzw. Kondom, das möglicherweise in Militärkreisen entstand. Das jahrhundertealte Verhütungsmittel

galt bis in die 50er Jahre des 20. Jahrhunderts hinein als
↯ Bückware. Unter Familienminister Wuermeling durften Präservative nicht öffentlich verkauft werden und wurden in Automaten versteckt.

Seit 2002 befassen sich die EU-Norminstitute mit der Lümmeltüte. Die als Verhüterli-Norm bekannte DIN EN ISO 4074 regelt Länge und Durchmesser in internationaler Verbindlichkeit. Seit der ursprünglich anstößige Hygieneartikel in Zeiten von HIV zum Survivalkit der Single-Gesellschaft avanciert ist, haben ludendeutsche Begriffe wie L. ausgedient. Jedenfalls außerhalb der vatikanischen Einflussgebiete.

Lusche Sieben bis dreizehn Mark musste man auf dem Schwarzmarkt der Nachkriegszeit für eine L. (auch: Fluppe) hinblättern, vorausgesetzt, es handelte sich um eine echte Lucky. (Der Liter Schnaps stand mit 475 Mark auch nicht gerade günstig, notfalls wurde von den Händlern auch Zahngold akzeptiert.) Wer Pech hatte, fand in der Packung statt der ersehnten Glimmstängel mit klein gehacktem Stroh gefüllte Papierröllchen vor.

Dies kann einem auf dem globalisierten Schwarzmarkt für Schmuggelzigaretten heute wieder passieren. Das schöne alte Wort L. hilft angesichts der vietnamesisch-osteuropäischen Vertriebsstrukturen jedoch nicht mehr weiter und stirbt aus.

M

Madai-Tempel   Siehe ↗ Café Achteck

Mangeltag
Noch in den 1970er Jahren stiegen Großmütter, Mütter, Töchter und Tanten am M. in die Waschküchen hinab, um aus riesigen brodelnden Waschtrommeln, die an Brauereikessel erinnerten, dampfende Tücher zu ziehen. Bettwäsche, Tischtücher, Laken wurden zunächst gestärkt und dann in der Mangel gewalzt, bis sie steif wie Bretter waren.

Männer waren dabei unerwünscht (sie lagen derweil unter ihren Autos oder standen an der ↗ Pumpe), denn das Mangeln war im Grunde nur ein Vorwand. Tatsächlich wurden am M. zutiefst weibliche Geheimnisse verhandelt.

Das Mangeln ist denn auch nicht ausgestorben, weil auf bundesdeutschen Tischen statt blütenweißem Linnen inzwischen pflegeleichte Wachstücher liegen, sondern weil es keine geschlechtsspezifischen Geheimnisse mehr gibt.

Spätestens seit dem Siegeszug neumodischer Medien wie Illustrierte oder Talkshows werden Themen wie Gewichtsreduktion, Körperenthaarung, Monatshygiene oder Verhütung schamfrei in aller Öffentlichkeit diskutiert. Seitdem besteht auch kein Grund mehr zum Mangeln. Unerwünschter Nebeneffekt: Faltenfreie Tischtücher sind selbst in besseren Kreisen Mangelware.

Mannequin Das Wort M. wurde in jener Epoche eingedeutscht, als die internationale Mode noch an der Seine gemacht wurde. Spätestens seit die Düsseldorfer Robotermusiker von Kraftwerk 1978 die Zeile «Sie ist ein Model und sie sieht gut aus» als Ohrwurm etablierten, ist das M. am Aussterben. Die Damen heißen nun *Models* oder gar *Catwalk-Beautys*.

Marke Um eine Ware herum aufgebautes Phantasma, das dieser eine mit allerlei großartigen Eigenschaften ausgestattete Identität verleiht. Mittels eines Markennamens und entsprechender ⚐ Reklame verwandelt sich ein simples Stück Seife in das Erlebnis der Frische, ein von indischen Kindern genähter Turnschuh in die Uniform eines Mitgliedes der besseren Gesellschaft etc. Allerdings spricht man heute ganz selbstverständlich von *Brand*, das Schaffen von M. nennt man *Branding* und die Markenidentität heißt *Corporate Design*. Marken sind längst nur noch bei Philatelisten üblich.

Mauerspecht Kaum war 1989 mit Hammer und Zirkel das Staatswappen der DDR gefallen, da griffen die Deutschen zu Hammer und Meißel, um eigenhändig das längste Bauwerk Deutschlands in handliche Stücke zu schlagen. Bald strömten die Souvenirjäger aus aller Welt herbei, um ein Stück vom antifaschistischen Schutzwall nach Hause tragen zu können. Die pickenden Gestalten gingen als Mauerspechte in die Geschichte ein.

Weil auf dem schnell entstandenen Schwarzmarkt die mit Graffiti besprühten Teile bei japanischen Touristen Höchstpreise brachten, professionalisierten geschäftstüchtige Berliner kurz entschlossen das Handwerk. Arbeitsteilig besprühten sie die Mauer, brachen Stücke heraus, gossen diese in Kunstharz und verkauften sie von ihren Tapeziertischen vor dem Brandenburger Tor aus in alle Welt als Briefbeschwerer. Als der ↗ Eiserne Vorhang, der tatsächlich aus einem zähen Beton bestand, abgetragen war, mussten Garagenwände, Geräteschuppen und allerlei andere graue Wände herhalten. Vorsichtigen Schätzungen zufolge würde die Berliner Mauer heute, wenn man alle als Souvenirs verkauften Stücke wieder zusammensetzte, einmal um den Äquator reichen.

Maulaffe   Der M. bezeichnete nicht etwa eine besonders exotische Rasse breitmäuliger Säugetiere, sondern einen unvorteilhaften Gesichtsausdruck beim Menschen. Die Redewendung Maulaffen feilhalten bezeichnet jemanden, der mit offenem Mund in die Gegend schaut. Sie leitet sich schlicht von «Maul offen» her. Die altmodische Rede «feil haben» (auch «feilhalten») erklärten sich Sprachforscher Mitte des 19. Jahrhunderts so: «Wer aber etwas feil hat, der stehet oder sitzet oft tagelang dabei, um Käufer abzuwarten oder er stellet es wiederholt und anhaltend zur Schau, bis Käufer kommen.» Mit anderen Worten: Er stellt sich ziemlich dumm an.

Wer Maulaffen feil hat, muss auch heute noch fürchten, für minderbegabt gehalten zu werden. Unsere Zeit kennt für die Bezeichnung dieses Zustandes weit weniger umständliche Beschreibungen. Daher sollte man den M. dringend unter Artenschutz stellen und ihm auf der roten Liste der vom Aussterben bedrohten Tierarten einen der vorderen Plätze reservieren.

Messingisch

Umgangssprachlich für eine aus Dialekt und Hochdeutsch gemischte Sprechweise. So wie Messing eine Legierung zweier Erze ist, ist das M. eine aus zwei Komponenten gemixte Sprache.
Heute ist der Ausdruck nur noch in Sachsen bekannt, wo das M. auch Sprachpraxis ist. Vgl. auch ↗ Gänsefleisch.

Metze

Amoralisches Frauenzimmer, das aus dem Feilbieten seines Körpers gewerblichen Nutzen zieht. Heute *Callgirl* genannt. In Fachkreisen unterschied man früher zwischen den ledigen Lustdirnen bzw. vom französischen *fille de joye* hergeleiteten Freudenmädchen einerseits und Huren und Metzen andererseits. Im Unterschied zur ersten Kategorie war die M. verheiratet. Ursprünglich bezeichnete das Wort (ebenso wie Dirne) ein junges Mädchen, im Laufe der Jahrhunderte verengte sich die Bedeutung auf eine unzüchtige Weibsperson.

Milchmann Hierzulande gänzlich unüblich, weil die Milch aus dem Euter direkt ins Tetrapack fließt und von dort in den Kaffee. Kommt eigentlich nur in englischen Krimis vor, doch auch dort gilt: Der Mörder ist immer der Gärtner (und falls einmal doch nicht, dann der Butler). Aber niemals der M.

Mischkassette Die wichtigste Erfindung seit Edisons Phonographen und der Entdeckung des Vinyls war zweifellos der Kassettenrekorder. Die beschichteten Magnetbänder ließen sich nicht nur platzsparend auf kleine Spulen wickeln. Wichtiger war, dass man selbst Töne aufnehmen konnte. Was beim unhandlichen Tonband noch nicht möglich war, ließ sich nun fast überall durchführen. So verwandelten sich in den 1970er Jahren die Kinderzimmer in Aufnahmestudios. Das sollte sich bis in die 1980er Jahre hinein nicht ändern. Kaum war man über die Kinderkassetten vom Typ Hanni & Nanni oder TKKG hinausgewachsen, wurde man mit Hilfe von Fachzeitschriften wie *Bravo* popsüchtig gemacht. Mit atemloser Spannung wartete eine ganze Generation einmal wöchentlich auf die einzige Radiosendung, die Musikstücke garantiert ausspielte, also ohne Unterbrechung durch Verkehrsdurchsagen, Anmoderation oder Reiserufe.

Einen Finger an der Aufnahmetaste, wartete man exakt die Nanosekunde ab, in der einer der heiß begehrten Titel begann, und so wanderte die Hitparade gratis und vollkommen legal auf handliche Kassetten. Die konnte man mit Freunden tauschen, und zwar ohne die Angst, von Bütteln der Musikindustrie aufgespürt und vor ein Standgericht gezerrt zu werden. Die wahre Kunst bestand allerdings darin, genau die richtige Mischung (neudeutsch: *Sample*) zusammenzustellen, die man dann auf dem Schulweg mit einem von seinem japanischen Hersteller *Walkman* genannten Kleinstgerät abspielte. In liebevoller Detailarbeit wurden die Kassettenhüllen mit Collagen verziert, auf ihren Rücken standen Titel wie «Musik für Uschi» oder «Best of Neue Deutsche Welle».

Heutzutage macht sich kaum mehr einer diese Mühe. Was sich aus dem Internet saugen lässt, wird pauschal in einer digitalen Schachtel gespeichert und per Zufallsgenerator ins Ohr gespült. Popmusik ist ohnehin im Überfluss verfügbar: rund um die Uhr im Musikfernsehen und auf einer unüberschaubaren Zahl verschiedener Kanäle. Das Jäger- und Sammlertum aus der Frühzeit des Pop ist vorbei – und damit auch die Ära der Mischkassetten.

Mittelläufer

Als Verteidiger sollte er im WM-Spielsystem den gegnerischen Mittelstürmer ausschalten. Mit dieser unflexiblen Taktik ohne Positionswechsel wurde Deutschland 1954 Weltmeister. Später auch Vorstopper genannt, weil er vor dem Libero den Mittelstürmer attackierte. Doch selbst diese Bezeichnungen sind nahezu ausgestorben. Seit Einführung der Viererkette sind die Hierarchien auf dem Fußballplatz flacher geworden – der Weg zum WM-Gold leider nicht.

Moderator

Altmodische Bezeichnung für einen, der Gespräche leitet, vor allem im Fernsehen. Seit Rudi Carrells Zeiten geht es mehr darum, möglichst effektvoll eine beleuchtete Treppe hinunterzuschreiten, ab und zu einen Sketch zu spielen und in scheußlichen Glitzeranzügen eine lächerliche Figur zu machen.

Seit dem Import der Diskursform Talkshow geht es auch nicht mehr ums Moderieren, sondern um das Anheizen von Konflikten mit dem Ziel, alle anderen möglichst effektvoll niederzubrüllen. Seitdem spricht man folgerichtig von *Show-* bzw. *Talkmaster*.

Möllemann

Zeitweilig bezeichnete der M. jene Pfandmünzen, mit denen man im Supermarkt die Einkaufswagen aus ihrer Verriegelung befreit. Ursprünglich steckte man ein Markstück in den dafür vorgesehenen Schlitz. Im Dezember 1992 kam ein Geschäftsmann auf die Idee, hierfür eigens gepresste Scheibchen herzustellen. Ein liberaler Wirtschaftsminister (1945–2003) schrieb einen Empfehlungsbrief an diverse Supermarktketten zur Aufnahme des neuen Produktes ins Sortiment. Dummerweise war dessen Erfinder jedoch ein angeheirateter Vetter des Ministers. Die Kumpanei flog auf, der Minister trat zurück. Im Volksmund trugen die Scheiben fortan den Namen des Exministers.

Da jedoch auch der Volksmund vergesslich ist, heißen sie heute nur noch neutral Chips. Die Redewendung «den M. machen» bezeichnet seit dem Juni 2003 einen schnellen Abstieg aus großer Höhe. Wer hoch aufsteigt, kann tief fallen. Auch dies wird immer wieder gerne vergessen.

Momperschal Manchen ein rotes Tuch, wehte das auffällige Bekleidungsstück beim Mauerfall weltweit über die Fernsehschirme. Rückblickend muss man konstatieren, dass der von 1989 bis 1991 regierende Bürgermeister von Berlin (West), Walter Momper, hauptsächlich aufgrund seines Schals zeitweilig beliebt war.
Um die Koalition mit der Alternativen Liste (AL) festzuzurren, war der M. nicht geeignet. Die Koalition riss, der Schal hielt. Die Berliner wählten seinen Besitzer trotzdem nicht wieder. Seitdem ist ein roter Schal wieder einfach nur ein roter Schal. Vgl. auch ↗ rote Socken.

Muckefuck Kaffeeersatzgetränk aus schlechten Zeiten. Das Gebräu aus geröstetem Malz, Eicheln, Kastanien, Chicorée oder Getreide ist weit älter als die Kaffeebohne. Lange bevor die Moslems den aus Äthiopien stammenden Kaffee entdeckten und venezianische Kaufleute ihn Anfang des 17. Jahrhunderts nach Europa brachten, war das Aufbrühen gerösteter Pflanzen bereits verbreitet: in Babylon, im alten Ägypten und auch im Europa des Mittelalters.
Nachdem Friedrich der Große 1780 den Überseekaffee verbot, blühte die M.-produktion in eigens errichteten Fabriken auf. Heute ist der koffeinhaltige Filterkaffee ein Volksgetränk und M. ein Wort, das muffig nach Luftschutzkeller und Kohleofen riecht. Getreidekaffee gilt als Kindergetränk und erfreut sich nur in Bioläden und bei Gesundheitsfanatikern noch einiger Beliebtheit. Woher das Wort ursprünglich stammt, ist unklar. Manche glauben, preußische Sol-

daten hätten es vom französischen *mocca faux* (falscher Kaffee) hergeleitet. Andere halten die Kombination der westfälischen Ausdrücke Mucken (verfaulter Holzstaub) und fuck (faul) für wahrscheinlicher.

Müßiggang Altmodisch für Nichtstun. Gilt in protestantischen Gegenden auch als aller Laster Anfang, jedenfalls in Zeiten der ✒ Vollbeschäftigung. Heute, im Zeitalter von Teilzeitarbeit bzw. Vollfreizeit, zunehmend von Mehrheiten als Lebensstil praktiziert. Als direkte Folge wurden Bars und Kneipen mittels weicher Polsterung zu so genannten Lounges umgestaltet. Mit der dort geübten Kulturpraxis des Abhängens bereitet sich die junge Generation auf den Alltag mit Hartz IV vor.
Das altmodische Wort M. wird man dort nicht mehr vernehmen. Einzig die Aktivisten der «Glücklichen Arbeitslosen» belebten es mit demonstrationsartigen kollektiven Müßiggängern durch die sozialschwachen Viertel wieder, auch erschien zeitweilig das Zentralorgan dieser Berliner Gruppierung unter dem Titel *Der Müßiggangster*. Alle anderen dagegen üben sich im *loungen* bzw. *chillen*. Vgl. auch ✒ Bummelant.

Muhme Dem alten Wort für eine Base oder Tante geht es ähnlich wie dem ✒ Oheim. Sie spukt nur noch durch alte Märchen.

Multikulti Idealisierte Idee einer regenbogenfarbenen Gesellschaft, in der alle Menschen ungeachtet ihrer Herkunft miteinander glücklich sind. Auch bekannt als Integrationsgesellschaft. Die hübsche Idee bekam ihren Namen irgendwann in den 1970er Jahren. Realität war sie seitdem aber wahrscheinlich nur in der Sesamstraße, bunt bemalten Stadtteilzentren und bezuschussten Weltmusiksendern.

Spätestens seit dem 11. September 2001 ist der Begriff aus der Mode gekommen. Wer seitdem noch von M. spricht, setzt sich dem Vorwurf eines totalen Realitätsverlustes aus. Modischer sind apokalyptische Bedrohungsszenarien, die neue Wendungen wie Weltbürgerkrieg, den *culture clash* und die *zero tolerance* hervorgebracht haben. M. wird seitdem nur noch von Freilufttrommlern, Jongleuren und blonden Rastafaris gelebt.

Mundraub Die Äpfel in Nachbars Garten, das Hühnchen im Hof oder der Braten in der Röhre: Wer früher solche Leckereien entwendete, der machte sich nicht des ordinären Diebstahls, sondern des Mundraubs schuldig. Dieser Straftatbestand wurde bei der Entwendung oder Unterschlagung in geringen Mengen und mit der Absicht des baldigen Verbrauches angewendet. Zuletzt drohten dem Missetäter bis zu 500 DM Strafe oder maximal sechs Wochen Gefängnis nach § 370 Abs. 1 Nr. 5 StGB (Strafgesetzbuch).

Am 1. Juli 1975 fiel dieses Delikt der Strafrechtsreform zum Opfer, ebenso wie die so genannte Notentwendung. Geringfügige Diebstähle müssen laut § 248a StGB nur noch auf Antrag geahndet werden. Grund war allerdings nicht, wie viele meinen, ein allgemeines Gefühl der Sättigung im Sozialstaat. Man wollte lediglich die Gerichte entlasten. Strauchdiebe und Zechpreller werden seitdem vom Strafrecht wie alle gewöhnlichen Diebe behandelt – und ein weiteres schönes deutsches Wort stirbt aus.

Muschi Zu den Nachteilen der Informationsgesellschaft gehört, dass die Grenzen zwischen öffentlich und privat immer mehr verwischen. Alles interessiert alle. Selbst Kanzlerkandidaten müssen daher ihr Innerstes nach außen kehren, weil man in erster Linie wissen will, was für Typen sie denn sind. Daher werden hochbezahlte Pressesprecher beschäftigt, deren vornehmste Aufgabe es ist, die Politiker selbst am Reden zu hindern und ihnen vorformulierte Worte in den Mund zu legen.

Irgendetwas muss also gründlich schief gelaufen sein, als der bayerische Kanzlerkandidat Edmund Stoiber im Jahr 2002 beim Interview mit dem Magazin *stern* Allzumenschliches aus dem Nähkästchen plauderte. Wahrscheinlich war sein Pressesprecher gerade krank, jedenfalls erfuhren die Deutschen Dinge, die sie über die designierten Lenker ihrer Geschicke denn doch nicht so genau wissen wollen. Dass der kleine Edmund in der Schule immer am lautesten rülpsen konnte, später den Aufkleber «Mir stinken die Linken» auf dem Auto hatte und Franz Josef Strauß (1915–1988) anbetete, mochte ja noch angehen. Aber das Geständnis, er nenne seine Frau privat M., war dann doch ein Quäntchen Offenherzigkeit zu viel.

Man hätte vielleicht ahnen können, dass Wörter, die früher als Latrinenparolen auf den Wänden von Grundschultoiletten geschrieben standen und heute nur noch für Haustiere üblich sind, in weltfernen Politikerhaushalten heimlich überlebt haben und dort frei herumlaufen dürfen. Nach diesem Bekenntnis aber steht dem Aussterben nichts mehr im Wege: Fürs Erste wird kein Politiker das Wort M. mehr in den Mund nehmen. Jedenfalls nicht in der Öffentlichkeit.

N

Nabob Ein Ehrentitel, der einst den Grafen von Montechristo schmückte. Synonym für wohlhabende Lebemänner verwendet. Ursprünglich bezeichnete das Wort N. einen islamischen Statthalter in Indien.

Der letzte unabhängige N. von Bengalen unterlag am 23. Juni 1757 bei Plassey, nahe Kalkutta, den Briten. Obwohl seine Truppen zahlenmäßig stark überlegen waren, entschieden die britischen Sechspfünderkanonen die Schlacht zu ihren Gunsten. Schuld war der Monsunregen: Die Inder hatten ihr Pulver nicht vor Nässe geschützt und so an Feuerkraft verloren. Zudem soll der Stabschef des Nabobs mit britischen Goldmünzen und dem Angebot einer unfreundlichen Übernahme der Thronfolge bestochen worden sein. Als sich der Rauch verzogen hatte, wurde der N. bei einem Fluchtversuch ermordet, die britische Kolonialherrschaft begann. Sein Titel aber lebte als Bezeichnung für einen Superreichen fort.

Noch in den 1960er Jahren war er so geläufig, dass eine Gaunerkomödie mit Sonja Ziemann und Jean-Pierre Zola den Titel *Affäre N.* erhielt. Später kam der Begriff *Playboy* der Wortbedeutung nahe. Doch auch die Spieljungen, die das Grundstück der Angebeteten vom Privathubschrauber aus mit Rosen übersäten oder sich zum Vergnügen Leoparden hielten, sind dem Playboy-Forscher Wilfried Rott zufolge ausgestorben. Das moralische Skandalon ihres amoralischen Lebensstils ist nämlich längst konsensfähig geworden, vorausgesetzt, man verfügt über das nötige Kleingeld. Oder mit den Worten von Gunter Sachs: «Die Playboys sind so tot wie die Musketiere.» Dies gilt erst recht für Nabobs.

Nachrichtensprecher Der Mann ohne Unterleib, den der Fernsehzuschauer nur von der Tischplatte an aufwärts kennt, das Gesicht mit obligater Sorgenfalte zwischen Krawatte und ✒ Betonfrisur quasi einzementiert, ist Geschichte. Früher lebten die Überbringer schlechter Nachrichten einmal gefährlich. Unglücksboten wurden gerne gehenkt.
Im Fernsehzeitalter werden selbst Neuigkeiten wie «Mann isst anderen Mann mit Messer und Gabel» von stets gut gelaunten und noch besser bezahlten Ansagern und Ansagerinnen vorgetragen, die sich duzen, als wären sie Spielkameraden auf dem Schulhof. Dabei wippen sie lässig auf der Schreibtischkante in ihren raumschiffartig gestalteten Sitzburgen herum, zeigen Bein und blitzende Zähne und werfen sich nach dem Verlesen von *news* über Pestilenz und Mordio kleine Scherzworte zu: «Und, Uwe, was macht der Petrus morgen mit dem Wetter?»
Redaktionsintern spricht man folgerichtig nicht mehr von Nachrichtensprechern, sondern von so genannten *Anchormen* bzw. *Anchorwomen* (abgeleitet vom engl. *anchor* = Anker). Die Ankerfrau bzw. der Ankermann vermietet der Nachrichtensendung das Gesicht, der Zuschauer soll hier Halt finden. Meist sind die Gesichter dafür aber zu glatt.

Nachtwächter Ein mit Schlapphut und Hellebarde ausgerüsteter Sicherheitsbeauftragter, der gegebenenfalls auch die Turmuhr ersetzte. «Hört, ihr Leut', und lasst euch sagen, unsre Uhr hat zwölf geschlagen!» Ein Ruf, der in den deutschen Gassen längst verhallt ist.

Das Städtchen Spandau an der Havel leistete sich noch in den 1980er Jahren einen solchen Spießbürger, der mit Pike und Flattermantel seine behäbigen Runden über den Marktplatz drehte. Die neuen Nachtwächter heißen heute *Security Service* oder *Kiezcops*.

Neufünfländer Nachwendedeutsch für die Bewohner des 1990 Beitrittsländer genannten Gebiets der Deutschen Demokratischen Republik. Weil Verwechslungsgefahr mit einer langhaarigen Hunderasse bestand, wurde die exotische Vokabel wieder aus dem deutsch-deutschen Sprachgebrauch getilgt, zumal Wörter mit der Vorsilbe neu- naturgemäß schnell veralten. Vgl. auch ✒ Zoni.

Nickel Eine Weibsperson, die allen Männern zum Zwecke der Kontaktaufnahme zunickt – mit der hintergründigen Absicht, kommerziellen Gewinn aus ihren körperlichen Reizen zu ziehen bzw. gewerbliche Unzucht zu treiben. Eine Praxis, die bei heutigen Bordsteinschwalben vollkommen aus der Mode gekommen ist – und infolgedessen auch das Wort selbst. Vgl. auch ✒ Metze.

Nicki In den 1950er Jahren trug man zur ↗ Nieten‑hose ein Hemdchen, das wegen seiner an den Buchstaben T erinnernden Form T-Shirt genannt wurde. In Ostdeutschland nannte man die kurzärmeligen, knopflosen Schlupfhemden N. Weil die Bilder von N. tragenden Helden wie zum Beispiel James Dean (1931–1955) dank der Lichtspiele schneller in Deutschland ankamen als die Hemdchen selbst, behalf sich mancher ↗ Halbstarke mit einem Trick: Ein ärmelloses Feinrippunterhemd sah mit dem Rücken nach vorne getragen unter einer offenen ↗ Übergangsjacke fast aus wie ein echtes T-Shirt. Denn N. wollte schon damals keiner sagen.

Nietenhose Angeblich sollen Goldgräber im amerikanischen Westen sie als Arbeitshose getragen haben. Das halb verfaulte Fragment einer N. aus einer amerikanischen Mine wurde unlängst zum Preis eines Rolls-Royce von einem großen Auktionshaus an einen Sammler versteigert. Ihre Hochzeit aber hatten die aus grobem indigoblauem Stoff gefertigten Buchsen in den 1950er Jahren, wo sie wegen der verstärkenden Nieten an Taschen und Seiten ihren Namen erhielten.
Zusammen mit einem ↗ Nicki und einer Lederjacke bildeten sie die klassische Uniform des ↗ Halbstarken. Jahrzehntelang verwehrten bessere Lokale den Trägern von Nietenhosen den Eintritt. Die N. hielt sich über die Jahre auf dem Markt und wurde von Zeit zu Zeit verändert: Mal zierten sie weiße Streifen an der Naht, mal wurde sie mit Hilfe von Steinen ausgewaschen oder mit Motiven bedruckt. Um

einen besseren Sitz zu erzielen, legten sich manche auch mit ihrer N. in die Badewanne und ließen den Stoff auf der Haut trocknen. Zu anderen Zeiten schnitt man die Hosenbeine auf oder ließ sie auf dem Boden schleifen. Die N. ist als Uniform des Freizeitlers nicht mehr aus den Kleiderschränken wegzudenken, nur heißt sie schon lange nicht mehr N. Man nennt sie heute amerikanisch *Jeans*.

Notentwendung Siehe ✒ Mundraub

Ober

«Herr O., ein Bier, bitte!» So kennt man es aus dem 20. Jahrhundert. Die Herrschaft über Tresen und Zapfhähne haben heute studentische Billiglöhner und übellaunige Szenegestalten an sich gerissen. Eine korrekte Anrede wird mit Nichtachtung gestraft und zeitigt bestenfalls ein verächtliches Achselzucken. «Du, Zoe, machste mir noch 'n Caipi?»: Wer sich derart kumpelhaft mit dem Personal verbrüdert, wird vielleicht erhört.

Oberstübchen

Spontideutsch für Denkzentrum. Wer im O. nicht ganz richtig war, der hatte nicht alle Tassen im Schrank, oder wie man in Berlin (West) sagte: «Der muss mal mit dem Fünfer bis zur Endstation» (an der Endstation der Buslinie Nummer fünf befand sich die Nervenklinik Spandau). Oder auch: «Der muss in Bonnie's Ranch» (in die Dietrich-Bonhoeffer-Nervenklinik).
Wo einst O. waren, baut man heute Dachterrassen, auf die den ganzen Tag die Sonne knallt. Infolgedessen konzentriert man sich neuerdings auf die Gefühlszentren, die angeblich im Unterstübchen des Bauches sitzen. Dort sucht die Generation Wellness nach Chakren, Energiebahnen und anderen Kraftquellen. Folgender Hinweis sei deshalb gestattet: Die Buslinie fünf heißt jetzt 130. Sie fährt immer noch zum selben Ziel.

öffentlich-rechtlich Früher mal staatstragende Monokultur. Nach Erfindung des zweiten Programms gewissermaßen ✒ dialektisch bzw. in stereo. Merkmal der öffentlich-rechtlichen Kultur war die Priorität der Nachricht. Zwischendurch gruselten Sendungen vom Schlage *Aktenzeichen XY ... ungelöst* die Republik mit von Laiendarstellern szenisch nachgestellten Missetaten. Saubermann Eduard «Ede» Zimmermann, Tugendbold Ulrich Wickert oder Miesepeter Klaus Bednarz drohten mit erhobenem Finger. Am Abend kam das Sandmännchen, und später rief das ✒ Testbild zur deutschlandweiten Nachtruhe.
Als dann Kabel verlegt und Satellitenschüsseln montiert wurden, schaltete das deutsche Fernsehvolk kollektiv auf *Tutti Frutti*, *Big Brother* und Konsorten um. Dort stören eigentlich nur noch die Themenblöcke zwischen den Werbespots, die Nachrichten werden seitdem in homöopathischen Dosen verabreicht und handeln meist von Prominenten. An die Nischenexistenz der Öffentlich-Rechtlichen wird die Allgemeinheit gelegentlich durch Kinospots erinnert: Heute schon GEZahlt?

Oheim Leitet sich von Ohm her. In alter Zeit unterschieden Neffen und Nichten noch zwischen dem Vaterbruder (Onkel) und dem Mutterbruder (O.). Dieser konnte im Falle einer Verwitwung die Vormundschaft über eine Frau übernehmen. In Kulturen mit matrilinearer Erbfolge soll dies noch heute so sein.
Dies setzt die uterine Deszendenz voraus, also die Mutterfolge, und weil all dies nicht nur kaum aussprechbar

ist, sondern hierzulande auch unüblich, lebt der O. nur als zwielichtige Figur in Märchen aus Tausendundeiner Nacht fort. In der familiären Realität heißt er schlicht Onkel, den Ohm hat man als Mutterbruder mit drei Buchstaben ins Kreuzworträtsel verbannt.

Olf Maßeinheit für die Stärke von Gerüchen. Ein O. misst die olfaktorische Geruchsstärke eines durchschnittlichen Menschen mit 1,8 Metern Hautoberfläche, 0,7 Duschbädern pro Tag und täglich frischer Wäsche. Dient der Festlegung von Kriterien für die zulässige Höchstgeruchsbelastung, kennt aber kein Mensch. Und über die Qualität des Geruches sagt das O. auch nichts aus.

Ostpaket Siehe ↗ Westpaket

P

paletti In Eckhard Henscheids großem Standardwerk *Dummdeutsch. Ein Wörterbuch* (1985) einer der Kronzeugen für zeittypisch sinnfreie Artikulation der 1980er Jahre. Wich laut Henscheid der Formulierung «alles okay». Bleibt nur zu hoffen, dass das 80er-Jahre-Revival neben Hängegürteln und Schlabberpullis nicht auch die sprachlichen Entgleisungen jener Dekade wieder emporspült. Vgl. auch ↗ geil.

Pantoffelheld Einer, der unter dem Pantoffel steht. Die Redensart aus dem 19. Jahrhundert lässt sich auf dunkle Rechtsbräuche aus deutscher Vorzeit zurückführen, in denen dem Schuh noch eine herrschaftliche Bedeutung zukam. Der Pantoffel, hergeleitet aus dem frz. *pantoufle* (15. Jh.), ist ein leichter Hausschuh, folglich ist die Pantoffelherrschaft auch eine nicht so schwerwiegende Form der Herrschaft: nämlich die der Ehefrau über ihren Gatten. Angeblich.

Pappenstiel «Das ist kein P.»: Das ist keine Kleinigkeit. Die Redensart stammt aus dem 17. Jahrhundert, als man billige Papierblumen noch mit einem Stiel aus Pappe verkaufte.

Etymologen führen es auch auf das aus dem Niederdeutschen stammende Wort Pfaffenblume *(taraxacum)* zurück, die man heute als Löwenzahn bzw. Pusteblume kennt. Möglicherweise steht hier das Bild der vom Winde verwehten Blütenpollen Pate, die einen nackten Blumenstiel bzw. Stängel zurücklassen. Ebenso wie das Wissen über die Herkunft des altmodischen Wortes verweht, ist seine Anwendung heute eher unüblich geworden.

Patriotismus Wenn Politik und eine diffuse Gefühlslage zusammenkamen, wurde es schon immer gruselig. Und was deutsche Patrioten im Namen des Vaterlandes schon so alles anstellten, reicht vom Rechtsterrorismus eines Ernst von Salomon (1902–1972) bis hin zur zivilgesellschaftlichen Modernisierung.
Mittlerweile, so räumte der Kulturkritiker Gustav Seibt im Jahre 2005 in der *Süddeutschen Zeitung* ein, verberge sich dahinter meist konservatives «Gefuchtel mit Werten». Aber «was die Sprüche von P. und ⚔ Leitkultur eigentlich bedeuten: kaum mehr als nichts. Werte werden vor allem dann entsichert, wenn es gegen Randgruppen wie Homosexuelle (Wert: Ehe und Familie) und Türken (Wert ⚔ Leitkultur) geht. Ein übergreifendes Interesse, das alle angeht, verbindet sich damit nicht.» Dem ist nichts hinzuzufügen.

Perle Zu Zeiten des ⚔ Bildungsbürgertums die eigentliche Stütze des Haushaltes. Das so genannte Dienstmädchen erledigte die Arbeit, den Herrschaften blieb Zeit

für Spaziergänge im Stechlin, ⚐ Sommerfrische auf dem Zauberberg oder noch eine Zigarre nach dem Kaffee.
Heute gibt es zwar Geschirrspülmaschinen, die Tafel muss man aber selber decken und abräumen. Da bleibt zur schöngeistigen Lektüre wenig Zeit, und nach der Steuerreform ist selbst die heute schnöde Putze genannte P. aus Polen nicht mehr finanzierbar. Infolgedessen stirbt das Bürgertum aus.

Persilschein   Empfehlungsschreiben zum Ergattern einer politischen Unbedenklichkeitsbescheinigung. Wusch nach dem Krieg braune Wäsche nicht nur sauber, sondern rein. Manche erwarben ihn auf dem Schwarzmarkt: Tausche schwarze Uniform, Seitenschwert, Totenkopfabzeichen und 20 Panzerfäuste gegen Entnazifizierungsurkunde und ein Pfund Bohnenkaffee. So begannen nicht wenige viel versprechende Nachkriegskarrieren.

Pfennigfuchser   Man kennt diese Zeitgenossen, die im Café nur ein Glas Mineralwasser bestellen, kein Trinkgeld geben, aber eine Quittung verlangen. Immer fehlt ihnen gerade das Kleingeld, aber sie lassen sich gerne einladen. Nicht etwa aus Armut, sondern weil das Knausern für sie zum Lebensstil gehört. Lieblingsthemen sind ihnen Abzocke, Steuern und Teuro. Jeder Pfennig wird umgedreht und unter der Matratze gehortet. Seit Einführung von Euro und Cent ist die Zahl der P. sprunghaft angestiegen, jedoch nur der Sache nach. Das Wort selbst ergibt nach Aussterben des Pfennigs keinen Sinn mehr.

Philister   Überkorrekter Nörgler und Besserwisser, der sein mit der Krawatte fest gezurrtes Weltbild zum Maß aller Dinge nimmt. Der Schriftsteller Vladimir Nabokov (1903–1978) verunglimpfte die Gegner seines Romans *Lolita* als «notorische Zankteufel und alte P.». Auf die Frage, was ein P. denn sei, antwortete er: «vorgefertigte Seelen in Plastiktüten.»
Heutzutage taugt der P. als Feindbild für junge Generationen ebenso wenig wie der Spießer und hat sich damit auch als Wort erledigt. Spätestens seit 1968 weiß man: Die größten Kritiker der Elche werden später selber welche. Vgl. auch ✈ Elchtest.

picheln   Zecherdeutsch aus der Zeit, als noch Eichstriche auf den Trinkgefäßen den Pegel markierten. Das Leeren der Krüge nannte man pegeln, woraus sich das P. herleitet. In Zeiten von Dosenpfand und *Alkopops* ein obsoletes Wort. Vgl. auch ✈ zechen.

Piefke   Bezeichnung für einen gleichermaßen eingebildeten wie schlichten Charakter. Südlich der Elbe pauschalisierend für Preußen bzw. Norddeutsche verwendet, geht ursprünglich aber auf einen in Berlin häufigen Familiennamen zurück. Seit sich in Berlin infolge diverser Völkerwanderungen erst polnische, dann türkische und schließlich schwäbische Familiennamen durchsetzen, hat das Wort seine ursprüngliche Bedeutung verloren.

Pinke   Aus der Gaunersprache stammendes Slang-Wort für Geld, das ursprünglich lautmalerisch auf das metallische Geräusch einer herabfallenden Münze zurückgeht. Ebenso wie Moneten, Kohle, Mäuse nur noch in Filmen à la *Olsenbande* üblich.

Pinscher   1. Aus der Mode gekommene mittelgroße Hunderasse mit braunem oder schwarzem glatten Kurzhaarfell, deren Name wahrscheinlich von Pinzgauer (österreichisch) abgeleitet ist. In den 1970er Jahren sehr verbreitet und gerne mit Deckchen und Schleifen ausgestattet. Seit dem Aufkommen bulliger Hunderassen, die einen Waffenschein erfordern, selten geworden.
2. Von Bundeskanzler Ludwig Erhard (1963–1966) geprägte Bezeichnung für einen kritischen Autor. Im Wahlkampf 1965 hatte der Dramatiker Rolf Hochhuth Erhards Konzept der «formierten Gesellschaft» als «Klassenkampf von oben» bezeichnet. Erhard schleuderte ihm darauf die Worte entgegen: «Da hört bei mir der Dichter auf, und es fängt der ganz kleine P. an, der in dümmster Weise kläfft.»
Für Erhard führte die Intellektuellenschelte zu einem immensen Gesichtsverlust. Die abwertende Verwendung war schon in den 1950er Jahren durchaus gebräuchlich, Lexika zitieren aus dem zeittypischen Trivialroman mit dem bezeichnenden Titel 08/15 von Hans-Hellmut Kirst (1914–1989) folgendes Verwendungsbeispiel: «Der kleine P. Krause ... muss sich ... am Riemen reißen.»

Plörre siehe ↗ Lorke

Plumpe
An der P., auch bekannt als Schwengelbrunnen, trafen sich sonnabends die Kraftfahrer zur Wagenwäsche. Damals lagen Familienväter noch das ganze Wochenende unter ihrem Auto. (Manche Kinder sahen von ihren Vätern die meiste Zeit ihres Lebens nur die Füße, die unter der ↗ Stoßstange hervorragten.) Die P. erfüllte für männliche Kraftfahrer die gleiche soziale Funktion wie der ↗ Mangeltag für die Hausfrau.
Heute dagegen geht man in die Werkstatt und fährt durch die vollautomatische Waschstraße. Die P. als zentraler Ort geschlechtsspezifischer Geselligkeit hat somit ausgedient und wird abmontiert.

Pogo
Wer sich in den 1980er Jahren auf Tanzflächen wagte, die wildere Musik spielten als die derzeit üblichen Kastratenklänge gegelter Popduos, der war besser nicht zart besaitet. Lief etwa das Lied «Surfin' Bird», brach ein wildes Gehüpfe und Geschubse los, bei dem regelmäßig mal jemand zu Boden ging – auch blaue Flecken waren nicht selten.
Der P. verdankt seinen Namen einem mit einer Sprungfeder ausgerüsteten Hüpfstab mit Handgriff, der als Trendsportgerät der ersten Stunde bereits 1933 einen Auftritt in dem Film «The Pharmacist» mit W. C. Fields hatte: dem so genannten P.-Stick.
Wer heute auf dem Territorium der Chill-Generation einen

stilechten P. zu tanzen beginnt, der wird aller Wahrscheinlichkeit nach in hohem Bogen vor die Tür geworfen. Abseits der Chaos-Tage gilt der Tanz (nicht ganz zu Unrecht) als gemeingefährliches Relikt einer vergangenen Epoche der Jugendkultur.

Pomadenhengst Spottwort auf einen stark pomadisierten ↗ Stutzer, der seine Männlichkeit mit einer zurechtgeschmierten Sturmfrisur betont. In den 1920er Jahren bei Eintänzern und Tangojünglingen, in den 1950ern bei ↗ Halbstarken üblich.

Das Wort hielt sich jahrzehntelang im *Duden* und wurde erst in der 22. Auflage im Jahr 2000 dort entfernt. Mittlerweile benutzen die Pomadenhengste lieber Haargel. Man sieht sie samstagabends in den Fußgängerzonen glänzen.

Popliteratur Angeblicher Paradigmenwechsel in der deutschsprachigen Literatur der 1990er Jahre. Brachte ein paar schmale Erzählbändchen hervor, die früher glatt als Kurzgeschichten durchgegangen wären, nun aber unter der Gattungsbezeichnung Roman firmierten. Der Inhalt war dabei im Grunde beliebig, wichtig war die möglichst häufige Verwendung der Wörter ficken, Ecstasy und DJ. Alternativ auch die Aufzählung möglichst vieler Modemarken und die Ausbreitung von Fachkenntnissen aus dem Werbe- und Musikfernsehen.

Grundsätzlich galt die Faustregel: Wer zwei oder drei Musiktitel zitieren konnte und ansonsten eine weitgehend handlungsfreie Geschichte ablieferte, in der ein narzisstisch gestörter Ich-Erzähler an der Sinnlosigkeit der eigenen Chill-out-Mentalität verzweifelte (vgl. auch ⚐ Müßiggang), hatte glänzende Aussichten auf eine Karriere als Popliterat.

Nach ein paar Bestsellern, die dem Literaturbetrieb einige wilde Parties bescherten, stellte sich Katerstimmung ein. Denn die neuen Literaturstars hielten sich ebenso lange in den Bestsellerlisten wie ein Kinderstar in den Musikcharts. Sodann kehrte die kurzfristig gewonnene Zielgruppe der Jungleser wieder zur gewohnten *Bravo*-Lektüre zurück. Die Rede vom Tod der P. ist heute ein Allgemeinplatz in jeder zweiten Buchbesprechung. Inzwischen plagen sich Nachwuchsgermanisten mit Standardwerken über die Definition des Begriffs der P. – bisher jedoch ohne nennenswerte Ergebnisse.

Popper

Um 1980 beobachtete die besorgte Öffentlichkeit ein neues Phänomen: Jugendliche mit Seitenscheitel überm Auge, Aktenkoffer in der Hand und schmaler Lederkrawatte unterm hellgelben Polohemdkragen. Alle mit den Studentenunruhen von 1968 ff. sozialisierten Sozialarbeiter, Erzieher und Lehrer waren zu Tode erschrocken: Was haben wir falsch gemacht, dass unsere Kinder so brav und erfolgreich sind?

P. verabscheuten Armut und Hässlichkeit fast genauso wie gesellschaftspolitisches Engagement. Sie wollten Häuser nicht besetzen, sondern besitzen, hörten sich Musiker an, die bei ihren Auftritten nicht eine Schweißperle vergossen, und wählten FDP oder CDU. Parolen wie «Haut die P. breit wie Whopper» oder «Lieber frei und Rocker sein als ein dummes P.-Schwein», ignorierten sie genauso wie Tschernobyl, Gorleben oder Nato-Doppelbeschlüsse.

Während andere Kröten über die Straße trugen, Müll sortierten oder sich an Bahngleise ketteten, saßen die P. unter den Neonröhren ihrer dezent mit Stahlrohrmöbeln ausgestatteten Cafés und tranken einen Cocktail oder zwei. Nie aber drei, denn sie mussten ja danach noch das Golf Cabrio in die Tiefgarage fahren (wegen seines Überrollbügels und den meist bonbonfarben gekleideten Fahrerinnen nannte man dieses Modell übrigens Erdbeerkörbchen).

Gerüchten zufolge brachte der Absturz der Telekom-Aktie das Poppertum zu Fall. Eine andere Theorie besagt, dass die P. kollektiv in Steueroasen ausgewandert sind und dort Kinder gezeugt haben. Die wollen, wenn sie mal groß sind, keine P. mehr werden, sondern Neocons (Neo-Konservative). Da in unserer Zeit das aus dem Englischen abgeleitete Verb poppen in anderem Zusammenhang verwendet wird, wollen sich die wenigsten noch als P. bezeichnen. Vgl. ↗ intim werden.

Potztausend   Ein Wort, hinter dem zwingend ein Ausrufungszeichen steht. Gehört ins Kasperletheater wie Fliegenklatsche und Krokodil und zeugt von großer Überraschung oder bringt bündig zum Ausdruck, dass man stark beeindruckt ist. Heute bedrohen modische Anglizismen, die meist von unterhalb der Gürtellinie kommen, das schöne Wort.

Preußenkaffee ⚡ Muckefuck

Priem
Von dem niederländischen Wort *pruim* (Pflaume) entlehnte Vokabel, die seit 1800 ein Stück Kautabak bezeichnete, das seiner handgepressten Form wegen einer verschrumpelten Backpflaume ähnelte. Auch als Schick oder Pfriem bekannt.
Gekaute Drogen sind derzeit außer Mode, größerer Beliebtheit erfreuen sich *piece* genannte Trockenpflanzen aus jamaikanischem, marokkanischem oder eigenem Anbau. Gepriemt wird nur noch in Rentnerkreisen. Sollte jedoch das Rauchverbot nach amerikanischem Vorbild durchgesetzt werden und die Zigarettensteuer erwartungsgemäß weiter steigen, so erfährt vielleicht auch der vom Aussterben bedrohte P. eine Renaissance.

Pries
Schnupftabak, den man vom Handrücken in die Nasenlöcher zieht. Seit der Nachschub modischer weißer Substanzen aus Übersee gesichert ist, gilt der P. als nahezu ausgestorben und ist nur noch in Rütli-Kreisen abgelegener Schweizer Bergdörfer ein Hit. Hat aber vielleicht ähnliche Chancen auf Neuentdeckung wie der ⚡ Priem.

Prilblume
Die 1970er Jahre waren eine paradoxe Zeit. Einerseits predigte man freie Liebe, Hare Krishna und den Weltfrieden, aber unter der fröhlichen Hippiefassade moderte die Realität mit Kaltem Krieg, Aufrüstung und

Terrorismus. Eine geradezu metaphorische Erfindung für dieses Dezennium hatte ein Geschirrspülmittelhersteller: bunte Abziehblumen, mit denen man alles verstecken konnte, was weniger schön war. So verschwanden Risse in den Fliesen, altmodisch braune Wände ließen sich mit der pflegeleichten Flower Power ebenso aufhübschen wie die Autos dieser Jahre.

Aufkleber galten als letzter Schrei, und Sprüchemacher hatten darin ihr Medium gefunden. Auf Wagen vom Typ Ente verbarg «Ein Herz für Kinder» rostige Stellen, Jugendzimmertüren und Schulranzen waren mit Aufklebern dicht gepflastert. Dem nostalgischen Revival der P. zu Beginn des 21. Jahrhunderts war nur kurze Dauer beschieden, die ebenso praktische wie hübsche Nutzpflanze steht heute wieder auf der roten Liste der bedrohten Arten.

Programmkino

Der Tante-Emma-Laden unter den Lichtspielhäusern. Im P. wurde noch ein Programm gemacht, dass sich von dem anderer Kinos unterschied und oft sogar den Geschmack des jeweiligen Betreibers widerspiegelte. So gab es in den 1970er Jahren so genannte Kung-Fu-Kinos, die ausschließlich Filme der Sorte *Die Todeskralle von Hong-Kong* oder *Die Rückkehr des Knochenbrechers* zeigten. In anderen Kinos feuerte Godzilla seine Todesstrahlen auf feindliche Riesenschildkröten, und sogar staubige Sandalenfilme konnte man für 2 Mark ansehen.

In den 1980er Jahren wurden die Filme langweiliger, aber anspruchsvoller, und unter P. verstand man Kinos, die handlungsarme, dialogreiche Kunstfilme zeigten, in denen entweder Franzosen gelbliche Zigaretten rauchten oder deutsche Männer bei der Betrachtung einer fremden Frau über den Sinn des Lebens nachdachten.

Dann kamen die so genannten Multiplexe, die nur ↗ Kassenschlager zeigten. Mittlerweile verstehen sie sich ebenfalls als P., um auch dieses Marktsegment noch abzuschöpfen, und so muss ein kleines Filmtheater nach dem anderen schließen. Die wenigen verbleibenden Programmkinos firmieren unter dem irreführenden Namen *Arthouse*.

Punze Die P. bezeichnet den Innenraum eines Buchstabens, beispielsweise das Loch im O. An der Punzenbreite orientiert sich der vom Typographen Laufweite genannte Abstand der Buchstaben. Bezeichnet außerdem das Punzenwerkzeug selbst, etwa einen Stahlgriffel zum Ziselieren von Metall. Taucht in der Vulgärsprache auch als Synonym für gänzlich andere Innenräume auf.

Heute sagt man nicht mehr Punzer, wohl aber Stecher, was in etwa dasselbe meint – in der einen wie der anderen Wortbedeutung.

Punze

Quacksalber Leitet sich von dem als Quacken bezeichneten marktschreierischen Anpreisen her und bezeichnete ursprünglich einen Apotheker, der lautstark seine angeblichen Wundersalben unters Volk bringen wollte. Die *Deutsche Synonymik* von 1853 klagt über den Q.: «Bald sind es solche, die sich geheimnisvoller Künste rühmen, bald sind es gewinnsüchtige Stümper in einer soliden Kunst, Wissenschaft etc., welche sich jener Täuschung zu ihren Zwecken bedienen.»
Heute trifft man Wunderheiler nicht mehr auf den Märkten an. Wer aber in esoterischen Zeitschriften blättert, findet dort mehr Magnetheiler, Amulettdoktoren, Geistheiler und Handaufleger als zu Goethes Zeiten. Von den Vitamindoktoren, Krebsbesiegern und Sensationsheilern im «seriösen» Wissenschaftsbetrieb einmal ganz abgesehen.

Quarre Quengelndes Kind, früher auch als Göre bekannt. Das Wort stammt aus einer Zeit, als Französisch noch Konversationssprache war. Heute heißen alle Kinder Kids und gehen zu McDonald's.

R

Ranft «Besser zu Hause ein R. Brot als in der Fremde eine ganze Kuh», sagt eine bodenständige Spruchweisheit aus Böhmen. Oder endgereimt: «Besser trocken Brot daheim als draußen Semmel mit Honigseim.» Als Regionalismus lebt die Bezeichnung für eine trockene Brotrinde in Sachsen und Franken noch fort, im Norddeutschen fällt sie unter die harte Bezeichnung Kanten, an der Mosel sagt man Knäustchen dazu, in Bayern Scherzl und in Schwaben Riebele.
Auch Schweizer Bäckermeister verwenden das Wort noch, etwa bei der aus Weizen- und dunklem Roggenmehl gebackenen ein bis zehn Kilo schweren Riesenbure. Der Schweizer Mundart-Dichter Johann Peter Hebel empfiehlt: «Iss nit der chrosplig R. vom Brot / un loß die waiche Brosme stoh! / – De hesch's im Bruuch! – Es chunnt e Zyt, / un wenn de's hättsch, wie wärsch so froh!» Dem hat der Hochdeutsche nichts hinzuzufügen.

Rauke Das Gewächs aus der Familie der Kreuzblütler war als R., Raukelkohl oder Arugula schon im Mittelalter bekannt. Diente seinerzeit als Potenzmittel.
Geriet im 20. Jahrhundert als solches in Vergessenheit (dank Viagra). Toskanareisende reimportierten das Bitterkraut Anfang der 1990er Jahre als Souvenir. Seitdem wächst es als

Rucola auf jeder zweiten deutschen Pizza, der ursprüngliche Name aber geriet in Vergessenheit.

Recke   Ein Wort, das nach dem Adjektiv tapfer oder mutig verlangt und einen Streiter bzw. Ritter kennzeichnet. Im Zuge der allgemeinen Abschlaffung kein Ideal mehr für deutsche Männlichkeit. Vgl. auch ✒ Kavalier.

Regen, saurer   Dominantes Bedrohungsszenarium aus den 1980er Jahren, der Zeit, in der alles Böse von oben kam. Damals suchte man den Himmel ängstlich nach Marschflugkörpern ab und fürchtete bei jedem Regenguss, dass einem die ✒ Schimanskijacke durchgeätzt wurde. Merkwürdigerweise geschah gar nichts.
Ob der Regen durch Erfindungen wie Katalysator oder Filteranlagen wirklich süßer wurde, ist fraglich. Wahrscheinlich hat man den s. R. ebenso wie das ✒ Waldsterben schlichtweg vergessen. Stattdessen klagt man über ✒ Feinstaub.

Reklame   Veralteter Oberbegriff für eine Welt, in der die Wäsche nicht nur sauber, sondern rein war, der Kaffee nach dem ganz besonderen Verwöhnaroma duftete und der Spinat den echten Blubb hatte. Lustige Gesellen wie der tapsige Hustinettenbär, die resolute Clementine, Lurchi, der Feuersalamander, oder der stets blendend gelaunte Meister Propper ließen zweifelhafte Vergnügungen wie Hausputz oder Fertignahrung in völlig neuem Glanze erscheinen.

Seit die Akademikerschwemme auf dem Arbeitsmarkt immer mehr promovierte Künstler, Wissenschaftler und Philosophen in die Niederungen der Agenturen und Konsumfabriken trieb, gilt dort das Wort R. als herabwürdigend. R.-fachleute sprechen deshalb lieber von Werbung. Was daran besser sein soll, das wissen allein die Werber.

Remedur   Altertümlich für Abstellung eines Missbrauchs bzw. konservativ für Wiederherstellen der ursprünglichen (Sprach-)Ordnung.
Die Geheimrätin Zwicker erklärte Fontanes Effi Briest: «R. war nämlich ein Lieblingswort von Zwicker, womit er mich oft gelangweilt hat; aber freilich, alle Geheimräte haben solche Lieblingsworte.» Und genau dort ist das Wort hingerutscht: in die entlegensten Geheimratsecken der deutschen Sprache.

Remmidemmi   Zustand, der bei Ausarten eines Halligalli entsteht, also eine chaotische Entwicklung mit der Tendenz zum groben Unfug wie zum Beispiel Laternenpfähleausreißen oder Mülltonnenzweckentfremden. Im Grunde ein ↗ Tohuwabohu, nicht jedoch zu verwechseln mit ballaballa oder Rucki-Zucki, wahrscheinlich aber irgendwie so ähnlich.

Riester   Noch im Jahr 1909 kannte das Konversationslexikon *Sachs-Villatte* den R. als aufgesetzten Flicken aus

Cordsamt. Heute nur noch als Modegag auf Tweedsakkos gebräuchlich. Die Reparatur der Garderobe (neudeutsch: *Outfit*) durch Flicken oder Stopfen gilt als ärmlich, Kleidung mit Gebrauchsspuren trägt man zu Humana.

Das Wort R. hat noch untergeordnete Bedeutung in Verbindung mit einer schwer vermittelbaren Rentenreform, wobei sich die Wortbedeutung (Flickwerk) nicht gewandelt hat. Auch die R.-rente wird bald dem Vergessen anheim fallen.

Rollschuh

Bereits Ende der 1970er Jahre fiel das Wort dem amerikanischen *Rollerskate* zum Opfer. Bis in die 1980er Jahre hinein ist es aber als Bestandteil des Wortes R.-disko verbürgt – auch wenn dort bereits die Plastikrollen amerikanischer *Rollerskates* obligatorisch waren.

Eine zweite Chance, dem guten alten Wort Rollschuh neues Leben einzuhauchen, wurde in den 1990er Jahren verpasst. Die in einer Reihe geordneten Rollen unter der Sohle heißen seitdem *Rollerblades* bzw. *Inlineskates* und verkaufen sich unter diesem Namen weltweit. Wer noch immer von Rollschuhen spricht, der sagt vermutlich auch noch Schneeschuh zum *Carving-Ski* und trug als Kind noch einen Matrosenanzug.

Rosstäuscher

Einem geschenkten Gaul schaut man nicht ins Maul. Wenn man aber einen kaufte, so tat man genau dies. Denn am Gebiss erkannte man das Alter eines Pferdes, welches meist weder über Geburtsurkunde noch

Kilometerzähler verfügte. Der R. versuchte durch raffinierte Zahnkosmetik die Gäule zu verjüngen, um so Käufer hinters Licht zu führen.

Heute ist die Tätigkeit des Rosstäuschers bei Pferden nicht mehr gebräuchlich, wohl aber bei Zweibeinern. Die R. nennen sich neuerdings Schönheitschirurgen.

Ruck   Wurde früher der Zustand einer Gesellschaft als untätig empfunden, schrien alle nach Krieg, zum Beispiel 1914. Heutzutage ist man etwas milder geworden und fordert lediglich einen so genannten R. Das hat keine Folgen, tut niemandem weh, führt aber zu einem monatelangen Rucki-Zucki auf allen Kanälen.
So geschehen am 26. April 1997, als der amtierende Bundespräsident im Berliner Hotel Adlon den so genannten R. forderte, einen Aufbruch gegen den Dreiklang aus Erstarrung, Depression und wirtschaftlicher Resignation. «Durch Deutschland muss ein R. gehen», sagte Herzog wörtlich. Damals gab es noch 4,3 Millionen Arbeitslose. Seit dieser historischen Rede ist der Dreiklang zu einer unüberschaubaren Kakophonie angeschwollen. Hinzugekommen sind parteipolitische Beliebigkeit, Stillstand in der Gesetzgebung, fragwürdige Reformen und ein weiterer drastischer Anstieg der Arbeitslosigkeit. Und schließlich ein Bundespräsident, dessen Namen nur wenige Deutsche kennen. Macht auch nichts.
An den Bundespräsidenten (1979–1984) Karl Carstens erinnert man sich schon heute nicht mehr wegen seiner früheren NSDAP-Mitgliedschaft oder der von ihm angesetzten,

umstrittenen Neuwahlen im Jahre 1983 nach dem konstruktiven Misstrauensvotum, sondern vor allem wegen seiner Wanderschuhe. Roman Herzog wird zweifellos als der erste Rucker seines Staates im kollektiven Gedächtnis haften bleiben. Da der R. jedoch ausbleibt, möchte man das überstrapazierte Wort eigentlich nicht mehr hören.

Rundfunkorchester

Kinder stellen sich die Funktionsweise eines Rundfunkgerätes ja gerne so vor: ein Kasten, in dem ein quäkendes kleines Männchen wohnt. So in etwa war es auch einmal. Nur wohnten in den meist grauen Häuserkästen der Sendeanstalten viele Männchen: vom Sprecher über den Geräuscheerzeuger bis hin zum kompletten Orchester mit Pauken und Trompeten. Wie sich die Musiker nach der Erfindung der Schallplatte dort noch halten konnten, verstehen nur Kenner des öffentlichen Dienstes.

Seitdem das Senden auch als Privatangelegenheit funktioniert und die ↗ öffentlich-rechtliche Kultur vorwiegend im Einsparen besteht, sind die Musiker in den Radiokästen am Aussterben. Wer den Kasten mal aufschraubt, kann sich überzeugen: nur kalte Dioden, Drähte und Widerstände. Keine Seele mehr.

S

Sättigungsbeilage
Es zeugt von einer durch und durch pragmatischen Einstellung zur Ernährung, wenn die ↗ Erdäpfel auf dem Teller neben dem Ananassteak als S. deklariert werden. So hatte in der DDR eine jede Zutat ihre Funktion – auch zum leiblichen Wohl der sozialistischen Persönlichkeit.
Wie sagte schon der Dramatiker Bertolt Brecht (1898–1956)? Erst kommt das Fressen, dann die Moral. Unsere übersättigte Gesellschaftsform kann derart funktionale Wörter nicht verdauen und scheidet sie darum unzerkleinert wieder aus.

Salbader
Von Salben und Bader hergeleitete, verächtliche Bezeichnung für einen Wunderheiler, der mit seinen Salben jede Krankheit zu heilen verspricht. Zwei Ursprungsmythen kennen die Sprachhistoriker: Einerseits schreibt man das Wort einem äußerst geschwätzigen Bader aus Jena zu. Eine andere Theorie deutet auf einen schlecht vorbereiteten Pater, der in der Predigt nur Phrasen drosch und zu jedem sein *ut salvator dicit* sagte. Daraufhin habe die empörte Gemeinde geurteilt, Hochwürden habe heute wieder viel gesalvatert. Noch abfälliger als ↗ Quacksalber.
Mitte des 19. Jahrhunderts starb diese Bedeutung jedoch

aus. Die *Deutsche Synonymik* wies bereits 1853 darauf hin, dass das Verb salbadern zunehmend im Sinne von Klatschen bzw. Tratschen benutzt werde. Es bezeichne einen, der «weitschweifig und verworren redet und dabei Anspruch auf Beredsamkeit macht. Jetzt wird dieses Wort vorzugsweise in der letzten Bedeutung gebraucht, und es muss erst durch Zusätze angedeutet werden, wenn man einen marktschreierischen ✑ Afterarzt damit bezeichnen will.» Daran hat sich nicht viel geändert. Als Substantiv aber lebt der S. nur noch in Berlin fort, wo er einer literarischen Untergrundpostille den Namen gab.

Sandsackgeneration   Siehe ✑ Jahrhundertflut

saumselig   Typische Eigenschaft eines ✑ Bummelanten. Die Saumsal galt schon als Nachlässigkeit, als das schöne Wort entstand: im 17. Jahrhundert. In Zeiten der Hochgeschwindigkeit ein noch weniger als damals geschätztes Laster.

Schallplattenalleinunterhalter   In der DDR noch ein solider Ausbildungsberuf. Wer öffentlich Schallplatten abspielen wollte, beispielsweise auf einer ✑ Fete, der musste auch den Unterschied zwischen Tango, Walzer und Polka kennen. Und mindestens 50 Prozent Musik aus der DDR spielen.

Heute dürfen die Plattenaufleger spielen, was sie wollen,

und brauchen auch keine Berufsausbildung mehr. Man nennt sie *Disc-Jockey* oder kurz DJ.

Schaun
Kurzform von «schauen», bekannt aus der Redewendung «s. mer mal». Geprägt vom Idiom des Franz Beckenbauer und somit ein typischer Fall von Fußballerdeutsch. Die Nullformel fand ihren unerbittlichen Weg aus der Nordkurve mitten ins Zentrum der deutschen Sprache hinein und dient seitdem allen, die nichts zu sagen haben, aber trotzdem gerne reden, als gesprächsverlängernder Pausenfüller. Für die Unentschiedenen wurde es sogar zur allgemeingültigen Leitfloskel. «Wie soll's weitergehen?» «S. mer mal.» Keine Antwort ist besser, als gar nichts zu sagen.
Das Aussterben derartiger Hohlfloskeln wäre zu wünschen, dürfte in diesem Fall allerdings noch dauern. Blödsinn, der oft genug massenmedial ausgestrahlt wird, erreicht auch das hinterletzte Kleinhirn und ist von dort nur schwer wieder zu entfernen. Man sollte deshalb die fürstlichen Saläre der Berufssportler als Schweigegeld deklarieren. Fußballer sollen Bälle treten, nicht aber die deutsche Sprache. Das gilt auch für den Kaiser Franz. Vgl. auch ↗ **Kaiserwetter**.

Schimanskijacke
Unter den deutschen Fernsehkommissaren ist wohl keiner, der in der Modewelt so viel Schaden angerichtet hat wie Horst Schimanski. Der von Götz George dargestellte Tele-Ermittler stellte mit Hänge-

schnauzer und Spätaufsteherfrisur nicht nur die «Wirklichkeit des deutschen Mannes» dar *(FAZ)*, nein, er hinterließ bleibende Schäden durch seine Kleidung.

Stein des Anstoßes war seine verbeulte Jacke, eine obskure Mischung aus Parka und Pennerkutte, die man alsbald auch auf den Garderobenständern aller Bekleidungshäuser kaufen konnte. Als der ungewaschen wirkende Lümmelpolizist aus dem Ruhrpott 1981 am Tatort Duisburg-Ruhrort die bis dato säuberlich gebügelte deutsche Kriminalfilmlandschaft betrat, schimpfte denn auch die *Nürnberger Zeitung*: «Diese Sendung war eine infame Beleidigung für jeden anständigen und korrekten Beamten, der seinen aufopferungsvollen Dienst für die Bevölkerung verrichtet.» Einzig die Hochschulgruppe der Jungsozialisten in Duisburg war von dem pöbelnden, lümmelnden, prügelnden und saufenden Helden so begeistert, dass sie die bis dato namenlose Gesamthochschule nach dem Imbissbudenhelden benennen wollte: «Horst Schimanski hat die Schönheiten, Lebensgewohnheiten, Traditionen sowie die Ruhrgebietskultur den Zuschauern im ganzen Land auf sympathische Art näher gebracht», argumentierten die Jusos gut sozialdemokratisch. Leider ohne Erfolg.

Im Ausland schätzte man diesen Deutschen, der als klarer Verlierertyp jedes Mal Prügel bezog bzw. eins «auffe Fresse» bekam, wie Schimanski wohl selbst sagen würde. Nach vielen Dienstjahrzehnten werden immer noch Schimmi-Folgen aufgewärmt wie kalter Kaffee in der Röhre, einzig seine Jacke ist von bleibender Bedeutung. Ob sich die Träger von Schlabberkutten in verwaschenen Naturfarben noch an den Namenspatron ihrer nicht aussterben wollenden Leger-Kleidung künftig erinnern werden, bleibt jedoch fraglich.

Schindluder

Das Schinden von Pferden galt in Zeiten der allgemeinen Berittenheit als unschöne Sache. Das Wort Schindmähre etwa war bis weit ins 20. Jahrhundert hinein gebräuchlich für ein altes, ausgemergeltes Pferd. In Lion Feuchtwangers Roman *Die Geschwister Oppermann* heißt es noch 1933, dass man zwei schöne Rappen «zu Unrecht zu Schindmähren gemacht» habe.

Heute ist diese Bezeichnung nur noch in ländlichen Gegenden bekannt, das ↗ Luder allerdings auch in Großstädten. Wer mit jemandem S. treibt, der behandelt ihn schlecht. Diese saloppe Redewendung verblasst jedoch zunehmend. Man spricht heute meist gänzlich unverblümt von Verarsche.

Schlafburschentum

Heute weiß kaum noch jemand, was Schlafburschen oder ↗ Aftermieter sind. Zeitweilig aber hatte das S. so um sich gegriffen, dass die Polizei dagegen vorging. So forderte das Berliner Polizeipräsidium in einer «speciellen Verordnung» vom 26. Oktober 1824 die Besitzer eines Familienhauses in der Gartenstraße auf, alle zu der «erwähnten Kategorie gehörigen Individuen vollständig aus den Wohnungen zu entfernen».

Das Schlafstellenhalten hatte aus polizeilicher Sicht überhand genommen. Mieter hatten ihre Zimmer mit Kreidestrichen auf dem Boden in bis zu zehn Schlafstellen eingeteilt und mit Strohsäcken mehr als notdürftig möbliert.

Der Oberbürgermeister fürchtete ernsthafte Schäden an «Gesundheit und Moralität» der Hausbewohner. Die Exkremente bedeckten die Höfe, Zank zwischen den zusammengepferchten Menschen störte Ordnung und Ruhe, und allgemeine Sittenlosigkeit griff um sich.

Heute heißen besagte Individuen schlicht Untermieter. Das Schlafstellenhalten ist zwar immer noch Brauch, nur spricht man euphemistisch von Wohngemeinschaften, kurz WG genannt. Mit Gemeinschaft hat das meist nur wenig zu tun. Wer jemals aus Not, Armut oder Weltanschauung eine Zeit in einer solchen Notgemeinschaft hat zubringen müssen, der weiß, dass die Zustände auch heute noch erbärmlich sind. Die Abflüsse sind dauerhaft mit Spaghetti verstopft, auf den Toiletten hängen peinliche Schilder, die angeblich humorvoll in Wort und Bild zum Sitzpinkeln auffordern, man stolpert überall über riesige Rucksäcke, weil ständig irgendjemand zu Besuch ist. Morgens findet man die eigene Zahnbürste im Mund eines vollkommen fremden Menschen, der es sich ganz selbstverständlich im Bad bequem gemacht hat. Jedes Wochenende ist ✧ Fete, und der meist in jahrelangem Dorfdiskobesuch gewachsene Musikgeschmack der jeweiligen Studentengeneration erhebt sich aus den karg, aber wattstark und mit Ikeamöbeln eingerichteten Gemächern.

Mit einem Satz, es ist genau so, wie es ein Gutachten schon 1825 feststellte: «Möchte es besonders tief erwogen werden, wie die Beispiele von Lasterhaftigkeit, Rohheit und Unsittlichkeit sowohl die minder Verderbten mit sich fortreißen, als besonders die auf die in diesen Häusern befindliche zahlreiche Jugend den gefährlichsten Einfluss üben.» Amen.

Schlüpfer Eines der ehrlichsten Kleidungsstücke überhaupt, gerne aus Feinripp, wahlweise mit oder ohne ↗ Eingriff. Der S. verhält sich zu seinen modischen Nachfolgern *Stringtanga* oder *Jazzpant* wie ein Wiener Schnitzel zu einem Sushi-Häppchen. Soll heißen: Er war durch und durch zweckmäßig, wenn auch wenig elegant. Dafür zierten ihn gerne Blümchen- oder Schiffsmotive, je nach Geschlecht. Seitdem die Hüfthose (neudeutsch: *hip-huggin*) ihren zweiten Frühling erlebt, deren einziger Zweck darin zu bestehen scheint, die Unterbekleidung möglichst oft und wirkungsvoll zu entblößen, traut sich kaum jemand mehr, ein solide gewebtes Stück Baumwolle von der Größe einer Hängematte zu tragen.

Schmidtmütze Joviale Kopfbedeckung mit praktischem Vordach zum Beschirmen der Tabakspfeife. Während der Kanzlerschaft (1974–1982) des Sozialdemokraten Helmut Schmidt ein Symbol für Bürgernähe. Das maritim anmutende Kleidungsstück wurde durch ein konstruktives Misstrauensvotum remittiert und von der Kohl'schen Pilotenbrille modisch überholt. Seitdem wandeln Würdenträger barhäuptig durch die Zeitgeschichte.
Klebt heute nur noch auf den Schädeln von Binnenschiffern und hanseatischen Patriziern auf Elbspaziergang. Das Original hat sich seinen Ehrenplatz im Haus der Geschichte verdient.

Schneckenschleuder Jugendsprachlich für ein Aufsehen erregendes Automobil, von dem Männer glauben, dass Frauen gerne darin mitfahren, zum Beispiel ins Autokino. Muss eine Rückbank haben.

schnieke Ebenso veraltet wie ↗ knorke, ↗ dufte oder ↗ tofte. Heutzutage sagt man *cool*.

Schniepel Nicht, was Sie jetzt denken. Vielmehr noch um 1900 als zwanglose Bezeichnung für ein geschwänztes Kleidungsstück üblich, das bei feierlichen Anlässen den Mann in einen Herren verwandelte und auf den offiziellen Namen Frack hörte.
Heute, da man selbst auf Hochzeiten in ↗ Nietenhosen erscheinen darf, fast gänzlich ausgestorben und der Diplomatie oder dem Medienadel vorbehalten. So wird wohl auch das Wort Frack bald vergessen sein.

Schubiack Siehe ↗ Schuft

Schürzenjäger In ländlichen Regionen auch als Hennenabtaster bekannt, meint das Wort einen Frauenhelden, also jemanden, der auf sexuelle Eroberungen aus ist. Da die Schürze ebenso wie der Rock keineswegs mehr ein geschlechtsspezifisches Kleidungsstück ist, stirbt der S. allmählich aus. Schürzen werden heute nur noch am Herd getragen – von Frauen und Männern gleichermaßen. Das Wort S. ist lediglich noch Freunden volkstümlicher Musik als Name einer Zillertaler Heimatkapelle bekannt.

Schuft Wohl kaum eine Wortgattung unterliegt einem derart schnellen Wandel wie die der Schimpfwörter. Das abfällige S. dient heute kaum noch seiner ehrverletzenden Bestimmung und ist infolgedessen auf den verbalen Kampfplätzen des deutschen Sprachraumes, also vor Parklücken, auf Autobahnen und an den Schlangen vor Supermarktkassen, gänzlich unüblich geworden. Wahrscheinlich, weil seine Herkunft längst vergessen ist und niemand mehr weiß, dass es sich vom ebenfalls vergessenen schubben (schieben oder reiben) herleitet.

Wer aber seine Jacke schubbt, der hat wahrscheinlich Flöhe, Läuse oder anderes Ungeziefer und ist deshalb ein rechter Schubiack (niederdeutsch: Schufut), kurz: ein S. In manchen Fällen ist es ganz gut, wenn das Wissen über Wortbedeutungen verloren geht. Wer es nicht glaubt, der mache einmal die Probe aufs Exempel und bezeichne einen möglichst muskulösen, finster dreinblickenden Fremden einmal als S. und sodann als einen «verlausten, stinkenden, ungewaschenen Kerl voller Flöhe». Obwohl beide Anreden die gleiche Bedeutung haben, wird man in der Sprachpraxis höchst unterschiedliche Resultate damit erzielen.

Schulranzen Siehe ↗ Affe bzw. ↗ Turnbeutelvergesser.

Schutzwall, antifaschistischer Siehe ↗ Vorhang, Eiserner

Schwammtechnik Der Kartoffeldruck der frühen 1990er Jahre: Raufasertapeten abreißen, Wände gelblich grundieren und mit einem Schwamm orangefarbene Amöbenmuster auf die Wände stempeln. Erst vor dieser angeblich sonnig wirkenden Oberfläche kommen schwarze CD-Türme, unregelmäßig verbogene Kerzenleuchter und ähnliche postmoderne Entgleisungen so richtig zur Geltung. Tauchte zuerst als spätpointillistisches Kneipenfresko auf und zog bald in jede studentische Wohngemeinschaft ein.
Seit die Baumärkte das Menetekel lasen, die S. als gewinnbringenden Trend kommerzialisierten und vorgefertigte Schwammrollen bis in jedes Dorf verkauften, überkleben trendbewusste Zeitgenossen ihre vormals avantgardistische Heimarbeit eilig mit groß gemusterten Tapeten vom Flohmarkt. Auch dies spricht sich jedoch schnell in Industriekreisen herum. Wer heute schon zur Avantgarde von morgen gehören möchte, sollte also wieder Raufaser kleben.

Schweinesystem Radikalendeutsch der 1970er Jahre. Wer innerhalb des Schweinesystems etwas ändern wollte, war hoffnungsloser Reformist. Zentralbegriff einer ganzen Bewegung, die zwar Marx las, aber Sprüche wie diese produzierte: «High sein, frei sein, Terror muss dabei sein», oder: «Wir bleiben unserm Motto treu: faul, bekifft und arbeitsscheu.» Wer derlei Begriffe zu ernst nahm und den markigen Worten Taten folgen ließ, kam ins ⟶ Kittchen oder wurde auf der Flucht erschossen. Die bei weitem größere Gruppe der so genannten ⟶ Sympathisanten führt heute ein mondänes Leben als Kulturdezernent, Galerieleiter oder Ordinarius der komparativen Sozialeuphemistik. Vom S. ist da nur noch selten, und wenn, dann erst nach Genuss teurer Rotweine, die Rede. Trockener, versteht sich.

Schwengelbrunnen Siehe ⟶ Plumpe

Schwof Bezeichnung aus der Epoche der Eintänzer, ⟶ Animierdamen und ⟶ Pomadenhengste. Beim S. trug die Musik noch Frack und kam vom Tanzorchester oder Grammophon, seit Vinyl und ⟶ Nietenhosen das Nachtleben eroberten, ließ man das Wort fallen wie eine durchgetanzte Schuhsohle. Stattdessen sprach man von abhotten oder zappeln (beides ebenfalls veraltet, vgl. auch ⟶ Hotmusik). Der S. lebt heute nur noch beim Tanztee oder bei Rentnern fort.

Simpel
«Sie sind mir ein rechter S.», sagte man, wenn man jemandem zu verstehen geben wollte, dass es mit seinem Auffassungsvermögen nicht zum Besten bestellt sei. Heute steht ein ganzes Arsenal zeitgemäßer Herabwürdigungen zur Verfügung: Flachzange, Nullchecker, Teletubbyzurückwinker etc.

Sittenstrolch
Liebhaber getragener Wollsocken, Damenschuh-, Gummi- und Lederfreunde oder der berühmte Mann mit dem Trenchcoat im Park: Wer immer von der moralischen Norm abwich, wurde früher ebenso pauschal wie leichtfertig unter dem Sammelbegriff des Sittenstrolchs subsumiert. Derart in die Schmuddelecke gedrängt, frönten die so genannten Sittenstrolche einsam und klammheimlich ihrem Laster. Trat mal einer aus dem Gebüsch heraus, eilte sofort ein Gendarm mit Trillerpfeife und Gummiknüppel herbei und warf den Missetäter ins ↗ Kittchen.

Inzwischen sind die Anhänger von Praktiken, die gegen Sitte und Anstand verstoßen, in Gesprächskreisen organisiert, bekennen sich im Privatfernsehen zu Sodomie und Unzucht und werden dafür von geföhnten Talkmastern gehätschelt: «Ist doch total toll, wenn der Hans-Jürgen sich traut, uns allen zu erzählen, dass er sich von Meerschweinchen sexuell angezogen fühlt. Ich meine, jetzt mal echt, ey: Wie viele Leute sind denn heute noch tierlieb?»

Wer nicht den schweren Verdacht der Intoleranz auf sich ziehen will, diskriminiere daher niemanden mit veralteten Klassifizierungen wie pervers oder S. Heute spricht man gänzlich wertneutral von Anhängern alternativer Lebensstile.

Socken, rote Politischer Kampfbegriff, mit dem konservative Kräfte zu Anfang des 21. Jahrhunderts eine rot-rote Koalition in der deutschen Hauptstadt zu verhindern suchten. Unter den schwarzen Schuhen der Partei des Demokratischen Sozialismus (PDS, heute: Linkspartei), so die politische Farbenlehre, steckten in Wahrheit die alten Kommunisten aus Zeiten der Weltrevolution.

«Besser r. S. als schwarze Kassen», textete die PDS daraufhin und ließ kleine r. S. als Abzeichen häkeln. Offenbar mit Erfolg: Die PDS qualifizierte sich im Jahr 2001 als Koalitionspartnerin der SPD. Seitdem sind die r. S. aus der politischen Rhetorik schnell wieder verschwunden und dahin zurückgekehrt, wo sie hingehören: auf die Waden krachlederner Trachtengruppen.

Sommerfrische Nach dem *Deutschen Wörterbuch* der Brüder Grimm ein Erholungsaufenthalt von Städtern auf dem Lande zur Sommerzeit. Das schöne Wort soll um 1510 entstanden sein, wurde dann jedoch vergessen und um 1900 von Aristokratie und Bürgertum reanimiert. Man denkt dabei an Sonnenschirme und Picknickkörbe, an tänzelnde Zelter vor zierlichen Kutschen und Blumenkränze im Haar. Mit Entstehen des modernen Massentourismus ist die wohlklingende S. dem schnöden Begriff Urlaub geopfert worden – ein Wort, das den Gedanken an Sonnenöl, Sangriaeimer und Animation weckt. Wer wegfahren will, ist auf keine bestimmte Jahreszeit mehr angewiesen, irgendwo auf der Welt ist schließlich immer Sommer. Und mit Frische hat das Ganze auch nichts mehr zu tun.

Sozialhilfe   Siehe ⚔ Stütze

Sozialstaat   Aus dem Armenrecht des 19. Jahrhunderts abgeleitete Staatsvorstellung, die Ungerechtigkeiten zwar nicht abschaffen, aber lindern sollte. Galt vorher der Spruch: «Der Bauer stiehlt dem Herrn das Brot / dem Bauern stiehlt es der Baron. / Und einer schlägt den andern tot / für nichts als einen Gotteslohn» (P. Zech nach F. Villon), so führte die Verarmung breiter Bevölkerungsschichten im Zuge der Industrialisierung und Verstädterung zu ersten Sozialgesetzgebungen.

Der S. kann seitdem auf eine Reihe von Errungenschaften wie Sozialversicherung, Krankenkasse, Rente, Arbeitslosenversicherung oder ⚔ Stütze zurückblicken. Im Zuge der neoliberalen Trendwende gelten solche Institutionen als unmodern und sterben allmählich aus. Der aktuellen Erwerbsethik zur Folge ist S.-lichkeit etwas für diejenige Gesellschaft, die sie sich leisten kann. Ihre schrittweise Abschaffung exekutierte die rot-grüne Bundesregierung (1998–2005), den Rest besorgen ihre Nachfolger.

Spätheimkehrer   Bezeichnete ursprünglich die erst in den 1950er Jahren aus zum Beispiel Sibirien entlassenen deutschen Kriegsgefangenen und durfte noch einige Jahrzehnte scherzhaft für die Träger feldgrauer Filzmäntel angewendet werden. Seit diese aus der Mode gekommen sind, landete das Wort wieder in der Altkleidersammlung der Geschichte und wird dort von den Motten gefressen.

Spalterfahne Als das Olympische Komitee München zum Austragungsort der Olympiade 1972 auserkor, freute sich die DDR-Presse: «Hart hat die olympische Geschichte die Feinde des Sports, die Feinde unserer Republik und unseres sozialistischen Aufbaus geschlagen. Sie, die sportfeindlichen Kräfte der Bundesrepublik (...), müssen nun im eigenen Land den Start der ersten völlig souveränen Olympiamannschaft der Deutschen Demokratischen Republik vorbereiten und organisieren. Sie sind es, die erstmals bei Olympischen Sommerspielen die Flagge der DDR hissen, unsere Hymne einstudieren und spielen müssen.» Ein Grund für die Häme war der Umstand, dass bei der Olympiade die im Westen unerwünschte DDR-Fahne mit Hammer und Zirkel gehisst werden musste, die so genannte S. Dazu erklang die Hymne der DDR.

Spannungsbogen Schulkinder, die einen herkömmlichen Deutschunterricht genossen haben, mussten ihn noch von der Tafel in ihre Hefte abzeichnen: den S. Er sah aus wie ein umgedrehter Smiley, und auf dem Gipfel dieses irgendwie männlich gedachten Literaturmodells ereignete sich die literarische Klimax. Heutige Bücher müssen nicht mehr spannend sein. Sie brauchen *drive* oder *suspense*. Meist fehlt ihnen beides.

Spaßgesellschaft Ein Merkmal von Trends ist es, dass man ihre Existenz meist erst dann bemerkt, wenn sie schon wieder vorbei sind. So war auch die S. just in dem

Moment in aller Munde, als ihr abruptes Ende wortreich beklagt wurde – und zwar nach dem 11. September 2001. Die zahlreichen Nachrufe, die seitdem erschienen, sind geeignet, den Eindruck zu erwecken, dass sich viele nur deshalb so über den islamistischen Terroranschlag auf das World Trade Center entsetzten, weil in der Rauchwolke der einstürzenden Neubauten auch die gute Laune des alten Europa mit im Schutt versank.

In direkter Folge verstummten selbst in notorischen Halli-Galli-Kneipen die Musikboxen – jedenfalls für ein paar Stunden. Andererseits passte die Zäsur ohnehin gut in die globale Befindlichkeitslage. Der Zusammenbruch des Neuen Marktes hatte nicht wenigen gründlich den Spaß verdorben, die sich zuvor für keine Albernheit zu dumm gewesen und bevorzugt mit Tretrollern über die internationalen Parketts gefegt waren: All dies war 2001 sowieso vorbei. Wann die S. aber begonnen haben soll, ist weniger klar.

Ein früher Unkenruf stammt von dem übellaunigen Duo Horkheimer/Adorno: «Fun ist ein Stahlbad» (vgl. auch ↗ **Dialektik**). Eine spätere Manifestation der neuen Sorglosigkeit artikulierte ein deutscher Barde namens Markus 1982 mit seinem radikal-hedonistischen Bekenntnis «Ich geb Gas, ich will Spaß». Etwa zeitgleich forderten die New Yorker Beastie Boys das Recht zum Feiern ein *(«Fight for your right to party!»)*. Die miesepetrige Grundstimmung der 78er war damit jedenfalls vorbei. Altmodische Begriffe wie Solidarität oder ökonomische Grundursachen hatten endgültig ausgedient, und die ernst in Falten gelegten Konterfeis von Spaßverderbern wie Che Guevara oder Karl Marx verschwanden wieder von den ↗ **Nickis**, um neuen

Sinnsprüchen der Sorte «Diesen Bauch formte deutsches Bier» Platz zu machen. Wer noch nicht ins allgemeine Gelächter einstimmen wollte, drosch auf Bleche oder Tonnen ein und nannte es Kunst bzw. Musik.

Die finale Dekade kollektiven Schwachsinns aber wurden die 1990er Jahre. Keine Idee war zu blöd, um nicht als Trendsport an Vergnügungssüchtige vermarktet zu werden: Herumkugeln in aufblasbaren Bällen *(Zorbing)*, Springen am Gummiseil *(Bungee-Jumping)*, *Bar-Fly-Jumping* und ähnlicher grober Unfug. Wer immer eine bekloppte Idee hatte, verkaufte sie an die Industrie, eröffnete eine Dotcom-Firma und trug sie an die Börse (vgl. auch ⚹ Spekulant). Zum pseudo-sportlichen Balla-Balla gesellte sich das barbarische Bumbum der neuteutonischen Technomusik, das bei Umzügen in aller Öffentlichkeit mit Wasserpistole und Neonweste zelebriert wurde: die Welt im Gaga-Zustand. Im Jahr 1993 tauchte dann der Begriff S. erstmals auf, damals noch im Zusammenhang mit Fußball.

Internationale Zentren dieser neuen Gesellschaft wurden der Ballermann auf Mallorca (für Arme), das Café del Mar auf Ibiza (für den Mittelstand). Alle anderen drängelten sich beim Hallenskifahren, im Technohangar oder mit ⚹ Rollschuhen auf der Piste. Das Lachen blieb den meisten jedoch zum Ende des Jahrzehnts angesichts der fortschreitenden Depression, in die man sich gemeinsam hineingelacht hatte, im Halse stecken. Den Rest besorgte der ⚹ Kaschmirkanzler, den sich die S. zum Oberspaßmacher gewählt hatte – vermutlich aus Spaß. Spätestens mit Hartz IV war jedoch «Schluss mit lustig» (Peter Hahne). Somit darf die fröhliche Epoche als beendet gelten, das

Wort gehört ins Geschichtsbuch. Was danach kommt, weiß man nicht genau. Aber spaßig wird es sicher nicht.

Specker   Jemand, der in Dreck und Speck lebt, sich also durch eine eher nachlässige Hygiene auszeichnet. Das Wort soll in den Schützengräben des Ersten Weltkrieges entstanden sein.

Spekulant   Moderne Variante des Glücksritters, der durch Anteilserwerb einen Gewinnvorteil zu erzielen sucht. Während der S., insbesondere wenn er in Immobilien macht, bei Sozialromantikern einen eher schlechten Ruf genießt, erfuhr er in den 1990er Jahren eine erhebliche soziale Aufwertung. Zeitweise gehörte es zum guten Ton, Aktien an malaysischen Telefongesellschaften, indischen Platinenfabriken oder wenigstens das Papier einer Internetsuchmaschine im persönlichen Portfolio zu haben und sich am Tresen möglichst lautstark darüber auszutauschen.
Das Wort S. wurde dabei irgendwo unauffällig im Parkett des Alten Marktes entsorgt. Man nennt sich inzwischen lieber *Shareholder*. Spätestens seit dem Börsensturz ist man wieder zu traditionellen Geldbeschaffungsmaßnahmen (GBM) zurückgekehrt, führt im persönlichen Portfolio den Lottoschein und unterhält sich in der Kneipe lieber über die Abstürze der Bundesliga.

Spießer Siehe ⚔ Philister

spornstreichs
Wer seinem Pferd die Sporen gab, der wollte sich beeilen. War er aber s. unterwegs, so ritt er im Galopp. Das Wort stammt aus dem 16. Jahrhundert, stirbt heute aber ebenso aus wie der ⚔ Stegreif. Vgl. auch ⚔ Heißsporn.

Stegreif
Zwar ist der S. heute noch in Form einer Redewendung in aller Munde: Wer etwas aus dem S. tut, der muss sich nicht anstrengen. Der S.-lyriker etwa kann spontan reimen, im S.-theater spielt man ohne Probe und Textbuch. Ursprünglich aber war der S. ein halber Metallreifen, der mit einem Steg abschloss und dem Stiefel des Reiters Halt gab.

«Aus dem S.» bedeutete daher: etwas tun, ohne vom Pferd abzusteigen, also quasi im Vorüberreiten. Weil das Pferd als Fortbewegungsmittel zu Gunsten der ⚔ Benzinkutsche weitgehend ausgemustert wurde und der heutige Reitsportler den S. schnöde Steigbügel nennt, kennt kaum einer mehr die ursprüngliche Wortbedeutung. Der moderne Mensch denkt, es gehe irgendwie um stehen und greifen, und so verbreiten die Steigbügelhalter der Sprachverhunzung die völlig falsche Schreibweise Stehgreif.

Stellenabbau   Wenn irgendetwas nicht vom Aussterben bedroht ist, dann ist es der S. Nur nennt man die Tatsachen ungern beim Namen und verschleiert die unpopuläre Maßnahme lieber als *Downsizing*.

Stift   Hier: Lehrling. Vgl. auch ✐ Ladenschwengel.

Stoßstange   Die Zeiten kühn geschwungener, chromblitzender Zierstangen endeten bereits während der 1970er Jahre, als ein amerikanischer Kläger in einem Musterprozess der Produkthaftung gewann. Fortan mussten alle amerikanischen Stoßstangen einen Aufprall aus wenigen Metern bei geringer Geschwindigkeit aushalten. Weil die Automobilindustrie vom amerikanischen Markt abhing, verwandelten sich weltweit die Autos in so genannte Gummiwannen: Sie trugen dicke, schwarze Gummipolster.
Mittlerweile ist man von diesem Konzept wieder abgerückt. Die S. ist entweder brüchigen Kunststoffteilen oder lackierten Front- bzw. Heckschürzen gewichen, die angeblich einen besseren Schutz für Fußgänger gewährleisten sollen. Tatsächlich aber bestehen sie aus harten Materialien mit eingebauter Sollbruchstelle, die beim Aufprall brechen und auch sonst leicht zerkratzen. Bei der kleinsten Delle muss man die hochglanzlackierten Schürzen nun vollständig ersetzen.
Die Kulturpraxis des Ausbeulens stirbt damit ebenso aus wie die ursprüngliche Funktion der S. Das Verschwinden des Wortes kann somit als Lehrbeispiel für den angewandten Kapitalismus dienen.

Stütze   In Zeiten des ⚐ Sozialstaates sagte man noch: «Ich bin auf S.» – und meinte damit den Bezug von Sozialhilfe. Die neueren Zuwendungen kann man schwerlich als stützend bezeichnen, die Verhartzung der Gesellschaft verpflichtet ihre Verlierer zu unsteter Mobilität.

Stutzer   Renommiersüchtiger männlicher Zeitgenosse, der mit affektiert wirkender, übertriebener Eleganz um Aufmerksamkeit bettelt und sich dabei lächerlich macht – ohne es zu bemerken. Das Adjektiv s.-haft bezeichnet Attribute eines solchen Auftritts – etwa Gamaschen aus gelbem Leder über den Lackschuhen, einen weißen Smoking, am Tage getragen. Was als s.-haft empfunden wird, unterliegt dem Zeitgeschmack. Heute allerdings nennt man solche Zeitgenossen Poser.

supi   Wer irgendetwas s. findet, bei dem ist wahrscheinlich auch alles ⚐ paletti und er verabschiedet sich mit ⚐ Tschüssikowski. Wobei von allen drei Formen s. als Verniedlichung von super die debilste ist, denn sie ist der Diminutiv eines Superlativs: also gleichzeitig ihr eigenes Gegenteil. Zum Glück ebenso altmodisch wie das Wort super selbst.

Suppenhuhn   Federvieh aus der Familie der Masthühner. Das gemeine S. zeichnet sich durch helles Abdominalfett aus und erreicht im Normalfall ein Alter von zwölf bis fünfzehn Monaten, bevor es nach seiner Legeperiode im Topf landet. Im Unterschied zum mageren ✒ Broiler hervorragend geeignet, um Fonds für Suppen herzustellen. In ländlichen Regionen noch wohlauf, aber haben Sie mal versucht, in einer Großstadt ein echtes Suppenhuhn samt Hühnerklein zu bekommen? Selbst angebliche Fachverkäufer reagieren auf das Verlangen nach einem ordinären S., als hätte man ein Mammutkotelett oder ein Filetstück vom goldenen Kalb verlangt. Frische Straußenbrust, Kängurusteak und Haifischflossen bekommt man mittlerweile an jeder Ecke. Heimische Suppenhühner fristen neben Konservierungsstoffen, Glutamat und undefinierbaren Gemüseschnitzen ein trauriges Dasein in der Konservendose.

Suppenkaspar   «Ich esse meine Suppe nicht, nein, meine Suppe ess' ich nicht.» Eigentlich war der Kaspar kerngesund, ein dicker Bub und kugelrund. Das frühe Beispiel eines Hungerstreiks aus dem Jahre 1848 stammt ebenso wie der ✒ Zappel‑Philipp aus dem pädagogisch zweifelhaften Buch *Struwwelpeter* des Nervenarztes Heinrich Hoffmann. Heute weiß man, dass Menschen, die ihre Suppe nicht essen, entweder am Lady-Di-Syndrom oder unter den Diät-Ratschlägen einer Illustrierten leiden.

Sympathisant   Mitglied der Sympathisantenszene. In Zeiten deutscher Vokabeln wie Rasterfahndung und Radikalenerlass jemand, der bereit war, einem flüchtigen Terroristen Unterschlupf und Nahrung zu gewähren: zeitweise jeder dritte Akademiker. Später dann Leute, die bei Demonstrationen dadurch auffielen, dass sie hinter schwarzen Gesichtsmasken Parolen wie «Wir sind nicht alle, die Gefangenen sind nicht dabei» oder «Buback, Ponto, Schleyer – wir werden immer freier» skandierten.

Diese Parolen wurden von jüngeren Demonstranten nicht mehr verstanden, darum verbitterte die Sympathisantenszene. Seit nach dem Fall des Eisernen Vorhangs die Subventionen «von drüben» ausbleiben, stirbt auch die Sympathisantenszene allmählich aus. Womit sollte sie auch noch sympathisieren?

T

Tamagotchi Seltener Fall eines aus dem Japanischen internationalisierten Wortes (japanisch: *tamago* = Ei, und englisch: *watch* = Armbanduhr). Die eiförmigen Spielzeuge galten in den 1990er Jahren als letzter Schrei in den Kinderzimmern. Der eingebaute Mikrochip verlangte vom Besitzer eine Zuwendung per Tastendruck. Vergaß dieser, seinen Automaten zu «füttern» oder zu «streicheln», so rächte sich das technische Haustier durch symbolisches Verrecken.
Mahner und Warner waren entsetzt: Nutzte die Industrie hier schamlos die Emotionen Minderjähriger aus? War die Welt dem schon in E. T. A. Hoffmanns Erzählung *Der Sandmann* beschriebenen Automatenwahn erlegen und entwickelte warme Gefühle für kalte Technik? Tatsächlich war das T. nichts anderes als die Vorbereitung der Kinder auf ein Mobiltelefon. Seit jedes Kind über ein tragbares Videotelefon mit Internetzugang und eingebautem Datenrekorder verfügt, landete das T. auf dem Friedhof der Kuscheltiere. Nachwachsende Generationen kennen nicht einmal mehr seinen Namen.

Tankwart Früher reiste man als Kraftfahrer noch komfortabel. Steuerte man eine Tankstelle an, so stürzten eilig dienstbare und kompetente Geister heran, fachmännisch mit Blaumann uniformiert, und schnarrten ihr «Voll tanken?». «Ja, und gucken Sie mal unter die Haube!» Kam man vom Pipi zurück, so erstrahlte das Automobil bereits in spiegelndem Glanz. Der T. hatte in Windeseile den Lack gewienert, die Scheiben geledert, Wasser und Öl nachgefüllt und den Reifendruck überprüft. Solchermaßen bedient, brauste man hoch zufrieden davon, der T. legte zum Gruß den Finger an die Schirmmütze und ließ das wohlverdiente ⚔ Trinkgeld in der Hosentasche klimpern.

Heute haben sich die Tankstellen in Servicestationen verwandelt, an denen man von der DVD bis zum Pornoheft so ziemlich jeden Mist bekommt, nur das Naheliegende nicht: nämlich eine kompetente Bedienung. Es herrscht das kundenfeindliche Laisser-faire-Prinzip der Selbstbedienung, die menschliche Arbeitskraft wurde dort weitgehend abgeschafft. Mürrische Gestalten sind in enge Zellen aus dickem Panzerglas eingesperrt. Auf die Frage nach einem Blick unter die Haube würde dieses so genannte Servicepersonal nicht den Schraubenschlüssel, sondern eher die Schrotflinte zur Hand nehmen, die es unterm Ladentisch auf den Knien verborgen hält.

Tanzfläche   Wer derartiges Vokabular in der ⚔ Diskothek äußert, setzt sich dem Verdacht der Deutschtümelei aus. Und selbst bei seriösen Medien hat es sich eingebürgert, in größter Selbstverständlichkeit die T. *dancefloor* zu nennen und den Plattenspieler mit *turntable* zu benennen – selbst wenn sich diese in Wanne-Eickel oder Castrop-Rauxel befinden.

Warum eigentlich? Im Editorial werden die Leser ja auch

nicht mit *brothers and sisters* angekumpelt oder als *motherfucker* bezeichnet.

Telespiel   Kasten von der Größe eines Grammophons, den man nach 1972 in das Fernsehgerät einstöpselte. Erzeugte einen weißen Punkt, den man mit Hilfe einer Fernbedienung über den schwarzen Bildschirm wandern ließ. Der Ball musste immer in Bewegung sein und durfte nicht den Bildschirmrand berühren. Damals reichte die Phantasie aus, sich dabei ein Tennis- oder Squashspiel vorzustellen, und Telespieler starrten stundenlang wie gebannt auf die Punkt-Komma-Strich-Graphik. Mittlerweile von bunt animierten Nachfolgern wie dem gefräßigen Pac Man, dem hüpfenden Super-Mario oder dem schießwütigen Doom-Männchen technisch überholt. Die Spieler nachfolgender LAN-Partys *(Local Area Network)* nennen sich *Gamer* und nicht Spieler.

Testbild   Es war quasi das heimliche Wappen der ↗ öffentlich-rechtlichen Kultur. Wenn das Sandmännchen seinen Abendgruß gestreut hatte und die letzte Nachricht verlesen war, schaltete der Sender einfach ab, damit das Volk seine Nachtruhe einhielt. Man musste ja am nächsten Morgen wieder pünktlich zur Arbeit gehen. Der Nordwestdeutsche Rundfunk beispielsweise sendete 1950 ausschließlich zwischen 20 und 22.30 Uhr. Danach erschien auf allen Kanälen zu nachtschlafender Zeit dieses abstrakte Kunstwerk:

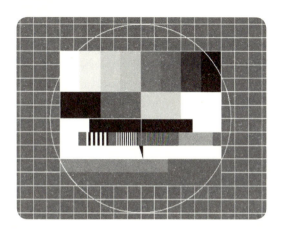

Solche Mandalas aus Kreisen, Feldern und Linien flimmerten in allen staatstragenden Graustufen, bis Kanzler Willy Brandt (1913–1992) auf der Funkausstellung am 25. August 1967 mit einem symbolischen Knopfdruck das Farbfernsehen einschaltete. Alle Augen richteten sich auf den Monitor. Man sah: ein T.

Fernsehsüchtige sollen in der Frühzeit des Mediums so viele Nächte auf das T. gestarrt haben, dass es sich förmlich auf der Netzhaut einbrannte und sie auch tagsüber die Welt nur durch dessen Gitterraster sahen. Es dauerte Jahrzehnte, bis sich die Erkenntnis Bahn brach, dass man anstelle von Testbildern auch nachts Fernsehsendungen ausstrahlen konnte. So kamen die Zuschauer in den Genuss angestaubter Kulturbeiträge, oder man wiederholte einfach Vorabendsendungen.

Der Zusammenhang vom Ende der ↗ Vollbeschäftigung und der Abschaffung des Testbildes bzw. der Beginn des Nachtfernsehens wäre eine Untersuchung wert. Nach einer

Zwischenphase, in der Aquariumssimulationen oder Bahnstrecken abliefen, bei deren Betrachtung sich der kindliche Berufswunsch Lokführer simulieren ließ, ging man nahtlos zum Ausstrahlen von Telefonwerbespots mit Frauen im Evaskostüm über. Es spricht einiges für die These, dass das Fernsehen mit dem T. auch seine Unschuld verloren hat.

Tippelei   Zunftsprachlich für das auch Walz genannte fahrende Umherziehen. Im Mittelalter noch verpflichtend für Gesellen, sind diese Wanderjahre bei heutigen Handwerksburschen freiwillig. Zimmerleute aber gehen immer noch gelegentlich «auf die Walz»: drei Jahre und einen Tag lang.
Während der T. darf der Umherziehende sich seinem Heimatort auf 50 Kilometer nicht nähern, kein eigenes Fahrzeug bewegen – und sollte zu Fuß oder per ✒ Anhalter unterwegs sein. Solche Lehrjahre sind bekanntlich keine Herrenjahre und daher immer mehr die Ausnahme als die Regel.

Tobak   Nikotinhaltiges Pfeifenkraut, mit dem man anno t. die Pfeife stopfte. Heute sagt man Tabak dazu. Seit die Droge nicht mehr aus dem Orient, sondern von amerikanischen Plantagen kommt, auch gerne *blend*. Der T. hat nur in einer Redewendung überlebt, und wenn die auch noch aussterben sollte, wäre das wahrlich starker Tobak.

tofte Norddeutsch für ⚐ dufte. Altberlinisch auch ⚐ knorke.

Tohuwabohu Am Anfang, als die Erde noch wüst und leer war und kein Weltengeist sich heimisch fühlen wollte, da herrschte das T. Im biblischen Text der Schöpfungsgeschichte setzt es sich aus den hebräischen Wörtern *tohu* (wüst), *wa* (und) und *bohu* (leer) zusammen. *Tohu* und *bohu* sind die Grundelemente in jüdischen Sagen. Später ward es Licht, und alles wurde besser, vieles aber auch nicht. Vgl. auch ⚐ Remmidemmi.

trätschen Mischform aus Klatschen und Tratschen, verwandt dem Treten. Altmodisch für Gewäsch, das man den Waschweibern zuschrieb (vgl. auch ⚐ Mangeltag). Heute nur noch klassisch gebildeten Lesern bekannt: «Der höllische ⚐ Blaustrumpf muss ihnen verträtscht haben», schrieb Friedrich Schiller (1759–1805). Vgl. auch ⚐ Klitsch.

Treber Auch Streuner, Herumtreiber, Kunde, Berber. Vgl. ⚐ Landstreicher.

Trinkgeld Eigentlich war es schon immer etwas seltsam, ausgerechnet in Restaurants ein T. zu geben: Schließlich sitzen die am Zapfhahn Beschäftigten ja direkt an der

Quelle. Dennoch hatte das Wort einen handfesten Charme. Der amerikanisierte Kosmopolit sagt heute lässig *tip* und kommt sich dabei selbst in Bad Bebra vor wie in Brooklyn.

Trümmerfrau Siehe ⇗ Fräuleinwunder und ⇗ Amisette

Tschüssikowski

Wer besonders locker klingen möchte, sagt zum Abschied nicht leise Servus, sondern laut und dröhnend T. Es gibt nur wenige Arten, deutlicher zu zeigen, dass nur eines locker sitzt: nämlich eine Schraube. Hört man zum Glück nur noch selten.

Turnbeutelvergesser

Kaum etwas war so schlimm wie das: Während die anderen Kinder Völker- oder Brennball spielen durften oder an archaischen Geräten herumturnten, musste einer mit langem Gesicht auf der Bank sitzen. Er hatte seine Sportbekleidung nicht dabei. Schnell war der ungute Ruf des T. besiegelt. Weil T. auch gerne mit offenem Mund im Unterricht träumen, also «hinterm Pfeiler sitzen», wie es mancher Lehrer auch in gänzlich säulenfreien Klassenräumen gerne ausdrückte, ist ihnen nicht zu trauen.

T. sind auch Brillenverbummler und Zahnspangenverlierer, also meist sympathische, aber bemitleidenswerte Geschöpfe. Ständig müssen sie Ermahnungen über sich ergehen lassen: Wenn du als Kind immer deinen Turnbeutel vergisst, dann wirst du als Erwachsener auch die eigene Hochzeit, das ✒ Bewerbungsgespräch und den Antrag für die ✒ Stütze verschlafen. Das wird den Turnbeutelvergessern schon frühzeitig eingebläut.

Später bleibt ihnen dann nur noch die Alternative zwischen buddhistischem Kloster (eher unüblich) und einem künstlerischen oder geisteswissenschaftlichen Studium (sehr verbreitet). Da werden dann Notebookvergesser und Prüfungsverpasser aus ihnen. Mit offenem Mund grübeln sie in den Seminaren darüber nach, wie man sie damals immer genannt hat. Irgendetwas wie Sporttasche, aber sie haben es schon wieder vergessen. Macht nichts, denn der Turnbeutel ist mittlerweile ebenso ausgestorben wie der Schulranzen. Vgl. auch ✒ Affe.

U

Übelkrähe

Einer der eifrigsten deutschen Wortschöpfer war Herbert Wehner (1906–1990). Der langjährige SPD-Fraktionschef hob während seiner Amtszeit allerlei Begriffe aus der Taufe, die später als geflügelte Worte durch den Bundestag flatterten und Kenner noch heute erfreuen. So prägte er die Bezeichnung «geistiges Eintopfgericht» für einen Christdemokraten, nannte KPD-Mitglieder kurz und bündig Iwan («Schnauze, Iwan!») und charakterisierte den CDU-Bundestagsabgeordneten Jürgen Wohlrabe 1970 als Ü.

Seine Wortgewaltigkeit stieß nicht nur auf Begeisterung, Wehner kassierte 56 Verwarnungen wegen seiner Zwischenrufe, darunter auch das schöne Wort Düffeldoffel. Der junge Abgeordnete Josef Fischer setzte neue Maßstäbe, als er 1984 höflich das Wort an den Bundestagsvizepräsidenten Richard Stücklen (CSU) richtete: «Mit Verlaub, Herr Präsident, Sie sind ein Arschloch!» Verglichen damit ist eine Ü. ein eher harmloses Tier, das heutzutage eher den Artenschutz auf den Plan rufen würde als die Sprach- und Sittenwächter.

Übergangsjacke

Ein Wort aus dem Nähkästchen des frühen 20. Jahrhunderts: Kaum hatte man den letzten Schrei der Saison erworben und stolz nach Hause getragen, da degradierte Mutter oder Oma das Statussymbol als praktische Ü. Sie hätten kein vernichtenderes Urteil fällen können. Sodann wurde im Etikett gesucht, ob das Objekt der Begierde, das einem auf dem Schulhof die Aura eines Stars und die verzehrenden Blicke aller Mädchen sichern sollte, denn auch pflegeleicht und aus reiner Baumwolle sei – ein Kriterium, das für den modebewussten Konsumenten etwa dieselbe Dignität entfaltet wie für den Diätfetischisten die Formel «gute Butter».

Mittlerweile haben sich die Werthorizonte der Mütter verschoben, und das pragmatische Wort ist nur noch älteren Semestern in schrecklicher Erinnerung. Wer das Fachpersonal von H&M einmal in Verlegenheit bringen möchte, der frage nach einer Ü. Ebenso gut könnte man eine Pelerine verlangen.

urst Ostdeutsches Wort mit positiver Grundtendenz, synonym zum westdeutschen *geil*. Verwendungsbeispiel: «Das ist 'ne urste Scheibe.» (Gemeint ist hier eine Schallplatte, z.B. von Karat.) Meist als Steigerungsform verwendet, synonym zum herkömmlichen Wort sehr.

Zeitweilig beliebt in der Kombination mit anderen bedrohten Begriffen, etwa: «Die Fete war u. ↗ geil.» Nach 1990 in den Duden aufgenommen. Heute nur noch in Zonenrandgebieten üblich. Wird verdrängt durch die Adjektive fett bzw. *phat* oder krass.

V

Verkaufsschlager Gegenteil des ✒ Ladenhü‑ ters. Weil aber die einstmals populäre Kunstform des Schlagers heute allenfalls als Klingelton piepst und ansonsten volkstümlicher Mitklatschmusik weicht, wurde auch dieses deutsche Wort verramscht. Man sagt stattdessen *Bestseller*.

Verkehrssignalgeber
Siehe ✒ Ampelmännchen

Verlobung Verliebt, verlobt, verheiratet: Diese durch Kindermund populär gewordene Kausalkette besaß noch bis ins 20. Jahrhundert hinein eine gewisse Gültigkeit. Wer heiraten wollte, musste den Antrag auf Zweisamkeit beim so genannten Brautvater stellen. In einer angemessenen Zeit der Indifferenz, die als Bewährungsprobe in Sachen Sittlichkeit galt, wurde der Lebenswandel beider Kandidaten strenger Beobachtung unterworfen.
Währenddessen ließen sich nützliche Formalitäten wie Aussteuer, Hochzeitskutsche und Schrankwand regeln. Erst dann kam es zum ✒ Aufgebot, einer öffentlich angeschlagenen Bekanntmachung mit amtlichem Charakter, die den eventuellen Inhabern älterer Rechte an einem der beiden

Delinquenten Gelegenheit gab, diese an etwaige frühere Eheversprechen zu erinnern. Verlief diese Ehe auf Probe, öffentlich markiert durch einen Ring am Finger der linken Hand, zufrieden stellend, so durfte die ↗ Hochzeitsnacht vollzogen werden.

Heute muten derlei Riten ähnlich modern an wie germanische Sonnenwendfeiern oder Ritterturniere. Wer einen anderen begehrt, der tut, wozu er oder sie gerade Lust hat. Letztes Relikt aus alten Tagen ist die Ehe, die immerhin noch ein paar steuerliche Vorteile bringt. Die V. hingegen ist nur noch etwas für die aussterbende Gattung des unverbesserlichen Romantikers. Ein paar soll es zum Glück ja noch geben.

Vollbeschäftigung

Geschichtsbüchern entnehmen wir, dass es die V. einst wirklich gegeben hat. Sie kennzeichnet den paradiesischen Zustand einer Gesellschaft, die morgens kollektiv zur Arbeit fährt und abends müde, aber glücklich heimkehrt. Am Wochenende haben alle frei, und montags macht man auch mal blau. Die Arbeit tauscht man gegen Geld, das Geld gegen Sachen, und damit es immer neue Sachen gibt, geht man wieder zur Arbeit und stellt weitere Sachen her. Wirtschaftswissenschaftlich gesehen also eine Katze, die sich in den Schwanz beißt.

Dass all dies nicht mehr so funktioniert, weiß seit Jahrzehnten eigentlich mit Ausnahme von Regierungspolitikern jeder. «Das Ziel bleibt die V.», sagen heute nur noch unbelehrbare Utopisten wie der ↗ Kaschmirkanzler. Die Wahrheit wird dezent verschwiegen.

Voluten Klingende Münze in harter Währung. In der DDR war das Geld aus einem ähnlich leichten Material wie die Karosserie der so genannten Autos. Darum strebte man nach V., einem aus dem Italienischen *valuta* abgeleiteten umgangssprachlichen Falschwort für Fremdwährungen. Seit Einführung des Euro ist das Geld fast überall gleich hart, und die V. gibt es nur noch da, wo sie hingehören: auf den Kapitellen antiker und barocker Säulen in Form schneckenförmig gewundener Ornamentik (lateinisch *volutum* = das Gerollte).

Vorhang, Eiserner Begriff aus dem Kalten Krieg, der die deutsch-deutsche Grenze bezeichnete. Hinter dem Vorhang sprach man offiziell allerdings vom antifaschistischen Schutzwall. Nach der Entfernung desselben durch so genannte ✒ Mauerspechte ergaben sich die ✒ Zonis dem Kapitalismus und kauften massenhaft Gardinen mit der Goldkante. Manche ✒ Wendehälse kamen hinter ✒ schwedische Gardinen.

Vorklasse Sonderweg aus Zeiten des feuerroten Spielmobils: Vorklassen erleichterten jahrzehntelang in einigen Bundesländern und Berlin (West) den Übergang zwischen Kindergarten und Schule. Aus den Schulkindergärten wurden im Schuljahr 1969/70 die so genannten Vorklassen, in denen spielend gelernt werden sollte. Zum Beispiel Schleifenbinden, bis zwölf zählen, den eigenen Namen schreiben, die Tonleiter: also all die Dinge, die man im späteren Leben tatsächlich einmal braucht. Damals wurde noch im Alter von sechs oder sieben Jahren eingeschult, mittlerweile müssen schon Fünfeinhalbjährige die sprichwörtliche Bank drücken.

Die Vorklassen passen da nicht mehr in die Zeit und werden abgewickelt. Ihre Arbeit übernehmen schlecht oder recht die Kindertagesstätten (KiTa), die V.-leiterinnen werden zu Erzieherinnen degradiert. Die Schüler lernen künftig das vorgeschriebene Lehrbuchwissen von Kurvendiskussion bis Photosynthese, können aber aktuellen Studien zufolge weder das Alphabet noch bis zwölf zählen. Und wer wird ihnen nach dem Abitur die Schuhe zubinden?

vorlöten Siehe ⸗ Druckbetankung

W

Wählscheibe Im analogen Zeitalter eine der wichtigsten Schnittstellen zwischen Mensch und Maschine (Telephon). Wurde in einem schleichenden Prozess seit den 1970er Jahren zunehmend von Tastaturen verdrängt. Mit Erfindung des Mobiltelefons nahezu vollkommen ausgerottet. Seitdem verkümmern Zeigefinger und Zahlengedächtnis. Verliert man heute sein Handy, droht soziale Verarmung, weil alle Kontakte zu Freunden und Bekannten ebenfalls weg sind.

Wagenschieber Noch bis in die 1980er Jahre eine der beliebtesten Geldbeschaffungsmaßnahmen (GBM) bei Schülern. Wer sich Geld für ein ✧ Bonanzarad zusammensparen wollte, heuerte im nächstgelegenen Supermarkt an und bewarb sich als W. Für ein paar Mark in der Stunde musste man dann zu meterlangen Karawanen zusammengeschobene Einkaufswagen über den Parkplatz jonglieren, der Filialleiter wachte mit strengem Blick auf seinem Hochstand, dass man den nötigen Sicherheitsabstand zu den geparkten Limousinen einhielt, was nicht immer gelang.

Die Erfindung des ✧ Möllemanns brachte vermutlich Tausende Schüler um ihren Job. Ähnliche Prozesse vollzogen sich in der zweiten Hälfte des 20. Jahrhunderts in fast allen ökonomischen Bereichen und trugen so wesentlich zum Aussterben der ⚐ Vollbeschäftigung bei.

Waldsterben Dürre Äste, die sich frierend in einen abgasschwarzen Himmel recken und Tannengrau am Weihnachtsabend: Es waren erbärmliche Bilder, die uns in den 1980er Jahren schockierten. Damals taugte das Sorgenmachen um den deutschen Wald noch ebenso wie ⚐ saurer Regen als Aufreger auf den Titelseiten der Magazine.
Um Eichen, Fichten und Kastanien steht es heute zwar nicht viel besser als damals. Das Reizwort aber ist nahezu vergessen. Schon in den 1980ern texteten die Sprüchemacher: Alle wollen zurück zur Natur, nur nicht zu Fuß. Und wer würde heute noch auf die Idee kommen, sein Auto zugunsten irgendwelcher Grünpflanzen stehen zu lassen? Nicht mal mehr bündnisgrüne Minister.

Wampe Siehe ⚐ Wams

Wams Aus dem gepolsterten Unterkleid für die Rüstungen fränkischer Ritter entstandenes Kleidungsstück, das man sich irgendwo zwischen Weste und Jacke vorstellen muss. Die spanische Mode machte es populär, im Barock wurde es von der Weste ersetzt. Heute lebt das W. allenfalls durch Klangverwandtschaft in den Wörtern Wanst und Wampe fort, die einen stattlich gewölbten Bauch bezeichnen.

Wanst   Siehe ✒ Wams

Ware
Vielleicht klang es zu marxistisch, vielleicht wollte man sich auch von den nörgeligen Warentests der Verbraucherstiftungen distanzieren. Der traditionsreiche Begriff der Warenwirtschaft lebt jedenfalls nur noch in der Betriebswirtschaftslehre und in der Hehlerei (heiße W.) fort. Die heutigen Produzenten wollen keine Waren mehr unters Volk bringen. Sie handeln mit Produkten.

Wegtragsel
Ob kleine Schläge auf den Hinterkopf tatsächlich das sprichwörtliche Denkvermögen erhöhen, darf bezweifelt werden. Dass kleine Geschenke aber Freude machen und den Beschenkten in gewogene Stimmung versetzen, beweisen immer wieder diverse kleine Unsauberkeiten vom Schwarzgeldkanzler Kohl über Leuna/Minol bis zu den Lustreisen von Volkswagen und den Aufmerksamkeiten des Waffenhändlers Schreiber in sozialdemokratische Brieftaschen.

In kleinerem Stil betreibt heute fast jede Firma Kundenbestechung: Unterschreibe einen DSL-Vertrag, und erhalte ein DVD-Abspielgerät, abonniere ein Magazin, und du bekommst ein 32-teiliges Werkzeugset, einen Kugelschreiber mit Werbeaufdruck oder wenigstens ein Schlüsselband, das man aus der Hose baumeln lassen kann. Nur nennt man solche milden Gaben nicht mehr W., sondern *Giveaways*.

weiland Aus dem Mittelhochdeutschen *wilen[t]* stammendes Wort für ehedem bzw. ehemals. Klang w. ganz modern.

Wendehals Einer, der sein Fähnchen in den Wind hängt und seine Meinung nach dem gerade herrschenden Trend richtet. Nach dem Ende der DDR beispielsweise wurde der W. als Scheltwort für solche verwendet, die sich überaus schnell den neuen Verhältnissen anzupassen wussten und dabei ihre vorherigen Überzeugungen diskret unter den Tisch fallen ließen.

Auch dies wurde inzwischen jedoch vergessen, und so sitzen die W. auf etablierten Posten, weil Wendigkeit eine der Grundanforderungen im Kapitalismus ist. Dann gibt es noch einen Schlagersänger, der einmal die Löcher aus dem Käse fliegen ließ, doch derlei ↗ Katzenmusik erklingt nur noch zum Karneval.

Werksverkauf Egal, ob Designeranzüge, Teppiche oder Futons: Der Schnäppchenjäger kauft am liebsten direkt ab Werk. So wird die Illusion aufgebaut, man spare die Aufschläge der Zwischenhändler ein, was man angesichts der vielen Ab-Werk-Geschäfte getrost bezweifeln darf. Das Wort Werk wird dabei weggloblisiert: Man spricht von *Factory Outlet Centern*.

Wertarbeit Wirtschaftswundersprachlich für in Deutschland hergestellte Produkte, die für ihre Qualität einmal im Ausland geschätzt wurden. In längst vergangenen Zeiten waren vom bayerischen Ingenieur bis zum friesischen Schäfer die Deutschen als zuverlässige Arbeitskräfte weltweit gefragt.

Heute wird erstens kaum noch etwas in Deutschland produziert, sondern von der Kuckucksuhr bis zur Lederhose fast alles in Billiglohnländern hergestellt. Und zweitens herrscht der paradoxe Zustand, dass Arbeit zwar zu teuer, gleichzeitig aber nichts mehr wert ist. Selbst die zeitweise als Qualitätsurteil geschätzte Formel «Made in Germany» hat damit keine qualitative Bedeutung mehr und zeigt allenfalls ein überteuertes Preisniveau an.

Im Zuge der Umwandlung von der ✒ Arbeitsgesellschaft zur Dienstleistungsgesellschaft wird in Deutschland auch nicht mehr hergestellt, sondern nur noch entworfen. Daher tragen die Etiketten die Aufschrift: «Designed in Germany, made in Cambodia».

Wessi Vor dem Untergang der DDR war Deutschland in der Mitte von einer Mauer geteilt, danach durch ein soziales Gefälle. Um diese neue hierarchische Schichtung zu verschleiern, unterschied man bei der sprachlichen Neuordnung des deutschen Raumes zwischen Himmelsrichtungen und trennte verniedlichend zwischen Wessis und Ossis bzw. ✒ Zonis.

Das Nachsehen hatten dabei die West-Berliner, die das Wort W. vierzig Jahre lang zur Diskriminierung der als uncool belächelten Bewohner der restlichen Bundesrepublik (W.-land) genutzt hatten, wie diverse Spottgesänge in Fußballstadien überdeutlich zum Ausdruck brachten. Nach dem Mauerfall sahen sich die West-Berliner unter dem Druck der Ereignisse plötzlich selbst als Wessis klassifiziert – ein Schock, von dem sich einige bis heute nicht erholt haben. Sollten die Unterschiede zwischen Ost und West in einigen Jahrhunderten eingeebnet sein, wird die Zeit jedoch auch diese Wunde heilen.

Westpaket Von West nach Ost verschicktes Paket aus der Zeit der Zweistaatlichkeit, mit dem Familien – bildlich gesprochen – den Eisernen ✒ Vorhang durchlöcherten. Enthielt so ziemlich alles, was es in der DDR nicht oder nur in schlechter Qualität gab: Bohnenkaffee, ✒ Nietenhosen, Schokolade.
Durchschnittlich wurden 25 000 Westpakete im Jahr verschickt, darin etwa 1000 Tonnen Kaffee und rund fünf Millionen Kleidungsstücke. In manchen Kuchen waren allerdings auch ✒ Voluten eingebacken, die von der Staatssicherheit aussortiert wurden. Zum Dank schickten DDR-Bürger Ostpakete, in denen sich meist Dresdner Stollen und handgeschnitzte ✒ Jahresendflügelfiguren aus dem Erzgebirge befanden.

Wimmerholz Mit Saiten bespanntes Musikinstrument, aus dem Minderbegabte schmerzhafte Geräusche herauszuquälen imstande sind, Könner jedoch sogar Musik. In Zeiten der ✧ Katzenmusik als abfällige Bezeichnung für Violine, Gitarre oder Laute gebräuchlich.

Wohltätigkeit

In Deutschland ohnehin unterentwickelte Neigung vermögender Zeitgenossen, die Armut anderer durch Spenden zu lindern. Gehört im angelsächsischen Raum genauso dazu wie Ferrari und Pferderennen, einzig die deutschen Millionäre hocken hinter den Mauern ihrer Paläste und rücken keinen Cent raus.

Kultur- und Wohltätigkeitsinstitutionen errichten eigene Abteilungen, um dies zu ändern, und werben mit Galadinners, so genannten VIP-Lounges und Premium-Mitgliedschaften um das zäh sitzende Geld. Das Wort W. weckt aber nur die Assoziation betagter amerikanischer Damen mit Limonadenkrügen und Losen für die Tombola in der Hand. Darum wurde es kurzerhand gegen den neumodischen Begriff *Charity* eingetauscht, was sich vom lateinischen *caritas* herleitet und so viel wie Barmherzigkeit bedeutet. Damit haben derlei gesellschaftliche *Fundraising*-Anlässe zwar meist nur wenig zu tun, aber das stört auch nicht – wenn so der Rubel mal ins Rollen kommt.

Wuchtbrumme

Siehe ✧ Duttengretel

X

Xanthippe   Früher, als man noch wusste, dass Sokrates mit einem echten Hausdrachen verheiratet war, ein ehrverletzendes Schimpfwort. Gab einem feministischen Zentralorgan der 1970er Jahre den Namen. Heute im Zuge der Emanzipation nicht mehr üblich. Stattdessen drucken sich Frauen Wörter wie Zicke, Schlampe oder Bitch aufs T-Shirt. X. wurde dort noch nicht gesehen. Künftige Steigerungsformen will man sich lieber nicht vorstellen.

Y

Yuppie Aus dem Englischen importierte Abkürzung *(Young Urban Professional)*, die in der Zeit der Börseneuphorie eingedeutscht wurde. Den Begriff soll der amerikanische Kolumnist Bob Green 1983 erstmals in der *Chicago Tribune* geprägt haben. Der Y. gab seiner Abneigung gegen Armut mit den Emblemen überteuerter Modemarken Ausdruck, ernährte sich von Kaviar und Champagner. Setzte dem Lebensstil der *Hippies* ein Ende (vgl. auch ✐ **Blumenkind**).

Seit dem Fall der *New Economy* jedoch nur noch selten anzutreffen. Letzte Exemplare sollen ihren unbezahlbar gewordenen Lebensstil in der Dritten Welt als Schnöselliteraten fortführen, zum Beispiel in Katmandu.

Z

Zahnklempner Vermeintlich lustige Formulierung für Zahnarzt, bei deren Erwähnung der Sprachfreund allerdings Zahnschmerzen bekommt.

Zappel-Philipp Der Frankfurter Nervenarzt Heinrich Hoffmann (1809–1894) schuf 1845 in seinem Longseller *Struwwelpeter* die prototypische Figur eines Jungen, der nicht still sitzen kann:

> «Ob der Philipp heute still
> wohl bei Tische sitzen will?»
> Also sprach in ernstem Ton
> der Papa zu seinem Sohn,
> und die Mutter blickte stumm
> auf dem ganzen Tisch herum.
> Doch der Philipp hörte nicht,
> was zu ihm der Vater spricht.
> Er gaukelt
> und schaukelt,
> er trappelt
> und zappelt
> auf dem Stuhle hin und her.
> «Philipp, das missfällt mir sehr!»

Generationen von Kindern wurden deshalb von Lehrern und Eltern als Z. diskriminiert. Heute spricht man korrekt und langatmig von Aufmerksamkeitsdefizithyperaktivitätsstörung (ADHS). Historiker gehen davon aus, dass Hoffmann selbst unter diesem Syndrom litt.

zechen «Die Zeche bitte!» – ein Ruf, der nur noch selten erklingt. Erinnert an eine Epoche, in der man den Beruf des Kellners noch mit Würde ausübte (↗ Ober). Z., einstmals auch bekannt als ↗ picheln, heißt nun schlicht saufen, die Zeche ist in anderer Wortbedeutung allenfalls noch in Bergbaugebieten bekannt – allerdings auch dort nicht mehr lange.

Zinken Auch Gaunerzinken. Geheimzeichen, die ↗ Landstreicher in Hauswände und Mauern ritzten, um Kollegen vor Polizei, scharfen Hunden oder jähzornigen Hausbesitzern zu warnen – oder das Betteln zu empfehlen: Hier wohnen mildtätige Menschen oder Frauen, hier kann man in der Scheune übernachten. Heutzutage ist das Wort Z. nur noch für das Manipulieren von Spielkarten oder scherzhaft für eine markante Nase im Gebrauch. Die Zeichen an den Häuserwänden nennt man neudeutsch Graffiti.

Gaunerzinken

Bettler erhält Geld

Achtung! Gefahr, Gefängnis

Abzocke möglich, da Frauen im Haus, die sich beschwatzen lassen

Fromm zu tun lohnt sich

Achtung, bissiger Hund!

Hier kann man ein Nachtlager bekommen

Achtung, hier wohnen grobe, unfreundliche Leute

Hier kann man sich mit Arbeit etwas verdienen

Alte Leute

Günstig für Diebstahl

Kein Mann im Haus

Nur Frauen im Haus

Zonenfeile Als der Kalte Krieg noch heiße Wortschöpfungen hervorbrachte, stand die Z. für ein in der DDR gefertigtes Motorrad, auch als Honneckers Rache bekannt. Heute sind solche Hobel gesuchte Sammlerstücke.

Zoni Sammelbegriff für die hinter dem Eisernen ↗ Vorhang lebenden Bewohner der Deutschen Demokratischen Republik. In dem halb liebevoll, halb verächtlich gebrauchten Wort spiegelte sich die Befindlichkeit der Vereinigungszeit. Zonis wurden im kapitalistischen Ausland als exotische Rasse wahrgenommen, die man an verwaschenen ↗ Nietenhosen und krausen Dauerwellenfrisuren erkannte. Der Z. roch nach Kohleofen und Zweitaktgemisch und gab jedem zur Begrüßung die Hand.

Obwohl der aus bundesrepublikanischer Randlage stammende ↗ Wessi den Z. eigentlich nur in Beate-Uhse-Shops oder im Mallorcaurlaub antraf, galt er ihm als irgendwie zurückgeblieben. Eine Ikone dieser Perspektive war das Cover einer bekannten Satirezeitschrift mit dem Abbild einer in einen marmorierten Jeansanzug gekleideten Frau, die eine saure Gurke schält, dazu die Bildunterschrift: «Zonen-Gabis erste Banane».

Mittlerweile hat der Z. seinen langen Marsch der Anpassung durch Gesamtdeutschland hinter sich gebracht. So wurden selbst aus Zonen-Angies Kanzlerinnen, und das Wort landete, ebenso wie die Lenin-Standbilder, auf dem Müllhaufen der Geschichte.

Zwille Muss ein Junge nach veralteter Ansicht in der Hosentasche tragen, ebenso wie Bindfaden, Frosch, Taschenmesser und Trillerpfeife. Früher einmal war die Z. eine wichtige Distanzwaffe, auch Schleuder oder Katapult (Katschi) genannt. In biblischer Zeit konnten damit selbst Riesen besiegt werden. Jungs bauten sich ihre Zwillen selbst aus Astgabeln mit Einweckgummis oder Fahrradschläuchen. Solche Geräte konnten erstaunliche ballistische Qualitäten entwickeln, sehr zur Freude der Glaserinnung.

Seit der Verschärfung des Waffengesetzes ist die Z. verboten, wenn sie mehr als 23 Joule erreicht, selbst die Bauteile für eine solche Waffe fallen unter das Verbot. Man sollte sich also besser nicht mehr mit einer Astgabel in der Tasche erwischen lassen.

Danksagung

Für sachdienliche Hinweise dankt der Autor seinen Informanten:

Michael Allmeier, Robert Angst, Michaela Aschaff, Fehmi Baumbach, Katja Bigalke, Susanne Block, Ralf Bönt, Karsten Borgmann, Nicola Callegari, Doris Claas, Ulrich Clewing, Ulla Dahmen, Anneliese Dörrast & Löthe, Gregor Dotzauer, Tanja Dückers, Matthias Ehlert, Antje Evertz, Stefanie Flamm, Axel Fölster, Jens Friebe, Marcus Gärtner, Nadja Geer, Alexa Geisthövel, Thomas Goldstrasz, Annett Gröschner, Claudius Hagemeister, Frederik Hanssen, Anja Hennig, Falko Hennig, Askold Hitzler, Ingeborg Kalischer, Sebastian Keitel, Ina Kerner, Christiane Kühl, Esther Kogelboom, Renate Kossmann, Arpad von Klimo, Birgit König, Astrid Köppe, Barbara Laugwitz, Nadine Lange, Jochen Lippstreu, Iris Mahnke, Stefanie Markgraf, Kevin McAleer, Christine Meffert, Renate und Dieter Mrozek, Meino Naumann, Hans-Joachim Neubauer, Susanna Nieder, Barbara Nolte, Tanja Onken, Christiane Peitz, Nina Peters, Lisa Pfankuch, Michael Philipp, Heinrich Pocchini, Elvis Pummel, Jan Schulz-Ojala, Kai-Uwe Reinhardt, Cord Riechelmann, Andreas Schäfer, Rüdiger Schaper, Kurt Scheel, Nicole Schönenberger, Werner Scholze-Stubenrecht, Christian Schröder, Sybille Schröder, Christine Semba, Franziska Schriefer, Hannes Stein, Avgi Stilidis, Carolin Strothe, Hanna S. Suhr,

Karen Strempel, Stefanie Thoms, Nina Trobitzsch, Werner van Bebber, Harry Vogel, David Wagner, Mario Weber, Axel Wermelskirchen, Kay Weyel, Herta Winkler, Carsten von Wissel, Ulrike Wörz, Michael Wolff, Kassi Wolf, Ralf Wolz, Michael Zajonz, Jenni Zylka.
Ein besonderer, persönlicher Dank geht an Claudia Winter.

Wenn Sie auch ein Wort unter Artenschutz stellen, Kritik oder Anregungen äußern möchten, so erreichen Sie das Lexikon der bedrohten Wörter auf der Internetseite www.bedrohte-woerter.de

Das scheue Wort

Es war ein scheues Wort.
Das war ausgesprochen
Und hatte sich sofort
Unter ein Sofa verkrochen.

Samstags, als Berta das Sofa klopfte,
Flog es in das linke, verstopfte
Ohr von Berta. Von da aus entkam es.
Ein Windstoß nahm es,
Trug es weit und dann hoch empor.
Wo es sich in das halbe, bange
Gedächtnis eines Piloten verlor.

Fiel dann an einem Wiesenhange
Auf eine umarmte Arbeiterin nieder,
Trocknete deren Augenlider.
Wobei ein Literat es erwischte
Und, falsch belauscht,
Eitel aufgebauscht,
Mittags dann seichten Fressern auftischte.

Und das arme, missbrauchte,
Zitternde scheue Wort
Wanderte weiter und tauchte
Wieder auf, hier und dort.
Bis ein Dichter es sanft einträumte,
Ihm ein stilles Palais einräumte. –

Kam aber sehr bald ein Parodist
Mit geschäftlich sicherem Blick,
Tauchte das Wort mit Speichel und Mist
In einen Aufguss gestohlner Musik.

So ward es publik.
So wurde es volkstümlich laut.
Und doch nur sein Äußeres, seine Haut,
Das Klangliche und das Reinliche.
Denn das Innerste, Heimliche
An ihm war weder lauschend noch lesend
Erreichbar, blieb öffentlich abwesend.

Joachim Ringelnatz

S 40/2

Lesen bildet: rororo

«Wir nutzen nur zehn Prozent unseres geistigen Potenzials.» Albert Einstein

**Hans Jürgen Eysenck
Intelligenz-Test**
3-499-16878-2
Mit diesem Buch kann jeder ohne Lampenfieber und Prüfungsdruck seinen IQ selbst ermitteln.

**Walter F. Kugemann/
Bernd Gasch
Lerntechniken für Erwachsene**
3-499-17123-6

**A. M. Textor
Sag es auf Deutsch**
Das Fremdwörterlexikon. Über 20 000 Fremdwörter aus allen Lebensgebieten. 3-499-61426-X
Sag es treffender
Ein Handbuch mit über 57 000 Verweisen auf sinnverwandte Wörter und Ausdrücke für den täglichen Gebrauch. 3-499-61388-3

**Ernst Ott
Optimales Lesen**
*Schneller lesen – mehr behalten.
Ein 25-Tage-Programm*
3-499-16783-2

**Margit Hertlein
Mind Mapping –
Die kreative Arbeitstechnik**
Spielerisch lernen und organisieren
Überarbeitete Neuausgabe mit aktuellen Informationen zum Einsatz von Mind-Mapping-Software!

3-499-61190-2

Weitere Informationen in der Rowohlt Revue oder unter www.rororo.de

Max Goldt bei rororo

«Max Goldt bleibt einfach der Größte.» Die Zeit

Der Schriftsteller Max Goldt, der seit 1989 Kolumnen für «Titanic» schreibt, ist außerdem Musiker und verfasst Hörspiele und Comics.

Wenn man einen weißen Anzug anhat
3-499-23348-7
Wie bei Max Goldt nicht anders zu erwarten, findet sich in diesem Tagebuch-Buch viel Unverhofftes und auch Phantastisches, darunter die Mutter Gottes, die Tauchsieder der Familie Henscheid sowie andere Merkwürdigkeiten und Schönheiten am Rande des Aussterbens.

Der Krapfen auf dem Sims
3-499-23349-5
Bartschattenneid, Kinder Happy Hippo Snack, die deutsche Teilung und Lichtschalterpflege mit Eigenspeichel – Max Goldt schreibt über alles, und er schreibt, wie nur Max Goldt schreibt: Von Werten geleitet, vom Zeitgeist unbeirrt, nah am Leben und absolut stilsicher.

Kolumnen
3-499-23432-7
Ä
3-499-23432-7

Ein Leben auf der Flucht vor der Koralle

3-499-23540-4

Weitere Informationen in der Rowohlt Revue oder unter www.rororo.de